KB065238

스피노자의 『신학정치론』 읽기

**세창명저산책_050**

스피노자의 『신학정치론』 읽기

**초판 1쇄 인쇄** 2017년 1월 20일
**초판 1쇄 발행** 2017년 1월 25일
–
**지은이** 최형익
**펴낸이** 이방원
**기획위원** 원당희
**편집** 홍순용·김명희·이윤석·안효희·강윤경·윤원진
**디자인** 손경화·박선옥    **마케팅** 최성수
–
**펴낸곳** 세창미디어
출판신고 2013년 1월 4일 제312-2013-000002호
주소 03735 서울시 서대문구 경기대로 88 냉천빌딩 4층
전화 02-723-8660    팩스 02-720-4579
이메일 edit@sechangpub.co.kr    홈페이지 http://www.sechangpub.co.kr/
–
ISBN 978-89-5586-473-1 03130

ⓒ 최형익, 2017

_ 이 책에 실린 글의 무단 전재와 복제를 금합니다.
_ 책값은 뒤표지에 있습니다.

이 도서의 국립중앙도서관 출판시도서목록(CIP)은 서지정보유통지원시스템 홈페이지(http://seoji.nl.go.kr)와
국가자료공동목록시스템(http://www.nl.go.kr/kolisnet)에서 이용하실 수 있습니다. CIP제어번호: CIP2017001004

세창명저산책_050

Benedict de SPINOZA

최형익 지음

# 스피노자의 『신학정치론』 읽기

세창미디어
MEDIA

# 머리말

    서양 철학사에서 스피노자만큼 다양한 모습을 보여 주는 철학자도 드물다. 일반적인 분류에 따라 그를 합리론자로 간주하고 그의 철학을 이해하려고 하자마자, 합리론과는 어울리지 않는 듯한 다양한 주장들, 이를테면 인간의 본질이 욕망이라거나 욕망은 의지가 아니라 더 강한 반대의 욕망에 의해서만 통제될 수 있다는 주장을 접하게 되기 때문이다. 또 은둔자라는 그의 이미지와 달리, 그는 현실 정치 문제에 끊임없이 개입했다. 한마디로, 스피노자는 단순한 사변 철학자가 아니라 철학과 정치학의 영역을 끊임없이 넘나들면서 교통을 시도한 정치철학자로 정의할 수 있다.

    스피노자 연구자들의 경우, 스피노자에게서 울려나오는 다성의 목소리를 제대로 포착하지 못했다. 대부분의 스피노자 연구자들은 스피노자의 저술 중 합리론적 특징을 잘 보여 주는 『에티카』에 주목하고, 거기서 다루는 존재, 인식,

윤리의 문제 등에 연구 범위를 한정했다. 그런 까닭에 현실적이고 정치적인 주제를 다루는 『신학정치론』이나 『정치학논고』와 같은 저서들은 주목받지 못했을 뿐 아니라 심지어 그의 철학에 이질적인 '불순물'처럼 취급받았던 게 사실이다.

한국에서도 예외는 아니었다. 들뢰즈, 네그리 같은 유럽 철학자들의 영향으로 스피노자가 대중적인 인기를 끌게 되면서, 스피노자의 정치철학에 대한 관심이 고조되었지만, 이런 관심에 부응하는 스피노자 정치저작의 번역이나 연구는 미흡한 실정이었다. 이게 내가 『신학정치론』을 번역, 출간한 이유였다.

『에티카』와 『신학정치론』 등 스피노자의 전체 저작을 표방하는 핵심 명제는 자유의 실현이다. 인간지성, 곧 이성의 관점에서 필연성으로서의 자유를 다룬 게 『에티카』의 문제의식이라면 신체와 욕망의 관점에서 정치적 자유를 다룬 게 『신학정치론』의 주된 문제의식이다.

인간은 이성적 존재인 만큼이나 신체, 곧 정서와 욕망의 존재이다. 모든 인간을 이성적 판단에 따른 현명한 존재로 간주하는 것은 비현실적이다. 스피노자의 말마따나 시대를 막론하고 덕성은 극히 드문 법이다. 『신학정치론』에서 스피노자는 성서에서 종교나 신앙이 아닌 이성적으로 사고하고 판단한 현명한 사람으로 솔로몬 단 한 사람을 지목한다. 다른 모든 예언자는 상상력이 비범했던 존재로 평가한다. 솔로몬은 심지어 만물이 신에 의해 창조된 게 아니라 우연히 발생한 것은 아닐까 하는 의문을 품기조차 했다.

모든 인간이 이성적 능력을 통해 삶을 영위하면 좋겠지만 현실에서는 정서가 이성을 압도한다. 자유의 실현은 이처럼 인간의 이성이 수동적인 정서를 압도할 만큼 강하지 못하다는 진실을 전제해야 하며, 그래서 출현한 게 '하나의 몸처럼 연합된 개인'으로서의 국가다.

스피노자에 따르면, 국가의 진정한 목적은 안전과 평화를 통해 실현되는 개인의 자유이다. 이때, 평화와 안전은 단순히 전쟁 부재의 상태가 아니라 국가성원들이 능력을 더 많이 발휘하고 자신의 권리와 욕망을 더 잘 누릴 수 있는 상태를 말한다. 이 점에서 국가의 목적이 자유라는 주장과 국가의 목적이 안전과 평화라는 주장은 대립하고 있는 것이 아니라 상보적 관계에 있다고 할 수 있다.

종교 역시 자연상태가 아니라 국가에 의해 보장되는 사회상태에서 발생한 일종의 사회제도이다. 자연상태에서도 신을 섬길 수는 있겠지만, 개인의 신실함이 반드시 종교와 교회의 성립으로 귀결될 필요는 없다. 자연상태에서 모든 판단과 결정의 최종권자는 개별 인간들이기 때문이다. 그런데 정치사회가 성립하면 최고 권력인 주권은 국가에 귀속된다. 이 경우, 국가는 자연상태에서처럼 개인의 자연권을 실현해야 하며, 같은 이유에서 개인들의 종교의 자유 또한 보장해야 한다는 결론이 나온다. 스피노자가 정치적 사안뿐만 아니라, 종교적 사안에 대한 결정권도 교회가 아니라 최고 권력 내지 주권을 보유한 국가에 있다고 주장한 이유 역시 바로 이 때문이다. 그리고 그럴 때야 비로소 사회적 평화는 물론, 자유가 가장 잘 실현될 수 있다. 바로 이것이 스피노자가 『신학정치론』을 쓴 가장 큰 이유이다.

『신학정치론』은 전체 20장으로 이루어져 있다. 이 가운데 스피노자 스스로 밝히고 있듯이, '신학은 이성에 종속되지 않으며 이성도 신학에 종속되지 않는다'와 '종교 문제에 관한 권리는 전적으로 주권자에게 부여되며, 신을 올바르게 섬기고자 한다면 종교가 외적으로 표출되는 예배 형식은 공적 평화와 일치해야 한다'는 명제에 대한 증명이 『신학정치론』의 골격을 이룬다. 필자의 이 책은 이러한 관점에 유의하여 『신학정치론』의 전반적 이해를 목표로 하는 글이다. 이 글의 목차는 다음과 같다. 1장에서는 스피노자의 생애와 『신학정치론』의 역사적 배경에 대해 살펴본다. 2장에서는 『신학정치론』의 연구방법과 대상에 대해 살펴본다. 3장에서는 '성서는 철학이 아니라 오직 경건만을 가르친다'는 명제에 입각하여 스피노자의 성서해석과 종교비판에 대해 고찰한다. 4장에서는 성서해석의 권한이 교회나 국가가 아니라 신을 섬기고자 하는 개인들에게 주어져야 함을 성서 읽기의 민주화라는 관점에서 살펴본다. 5장에서는 스피노자의 민주주의 이론과 자연권 사상에 대해 분석한다. 6장에서는 종교와 정치가 한데 통합된 신정국가로서의 고대 이스라엘 국가의 성격과 통치원리에 대해 살펴본다. 7장에서는 최종적으로 정치와 종교의 관계에 대해 살펴본다.

필자가 『신학정치론』을 번역, 출간한 것은 2011년 2월의 일이었다. 햇수로 벌써 6년 가까이 지났다. 책이 나왔을 당시, 『신학정치론』에 대한 해설을 담은 별도의 책을 내고 싶은 마음이 있었으나, 일부러 그렇게 하지 않았다. 집에서 담근 된장맹키로 당분간은 그대로 묵혀 두기로 했다. 그러다가 세창미디어로부터 원고청탁을 받고 글을 쓰기로 마음먹자 내가 미처 생각하지 못했던 『신학정치론』의 고갱이들이 스멀스멀 기어 나와 춤을 추기 시작했다. 그게 가능했던 이유 역시 무엇보다도 스피노자가 『신학정치론』에서 제시한 성서연구방법과 깊은 관련이 있다.

스피노자는 성서를 올바로 이해하기 위해서는 오직 성서에 기초해서만 연구할 것을 제안한다. 나 역시 이 글을 쓰면서 스피노자의 방법론을 그대로 따르기로 했다. 『신학정치론』에 관한 한 나만큼 많이 읽어 본 사람은 별로 없을 것이라 자신한다. 그도 그럴 것이 번역하면서 수십 차례 숙독했을 뿐만 아니라. 이 글 또한 오직 스피노자의 『신학정치론』에 기초해서만 썼기 때문이다. 그렇다고 이 책이 단지 『신학정치론』을 요약, 정리하는 데만 머무르지는 않는다.

직접 읽어 보면 알겠지만, 내 관점에서『신학정치론』의 여러 주제를 배치하고 이를 스피노자의 관점에 따라 해석하기 위해 최선을 다했다. 끝으로 이 글을 쓰기 위한『신학정치론』의 대본으로는 필자가 번역한『신학정치론·정치학논고』(2011, 비르투)를 사용했음을 미리 밝혀 둔다.

2017년 1월
세마대의 세찬 바람을 딛고
최형익

# |CONTENTS|

##### 일러두기

1. 스피노자의 『신학정치론』은 쪽수만 기입한다.
2. 스피노자의 기타 저작은 필자, 발행연도, 쪽수 순으로 기입한다.
3. 기타 참고문헌은 필자, 쪽수로 기입한다.

# 1장
## 스피노자의 생애와
## 『신학정치론』의 역사적 배경

스피노자는 1632년 11월 24일 암스테르담의 부유한 유대인 상인 집안에서 태어났다. 그의 선조는 종교적 박해를 피해 포르투갈로부터 네덜란드로 이주해 왔다. 스피노자는 유대인 공동체 학교의 선생인 랍비들에게서 히브리어로 성서읽기를 포함해 유대인 특유의 전통적 교육을 받았다. 그런데 어떤 계기에서인지 몰라도 스피노자는 곧 유대종교를 멀리하기 시작했다. 그리고는 당시 데카르트나 베이컨 등에게서 연유한 근대 철학과 과학적 세계관으로 점차 빠져들었다.

유대종교와 스피노자의 불화는 그가 "신은 철학적으로만

존재한다," "유대율법은 참되지 않다," "영혼은 영원하지 않다" 등을 입 밖에 낸 것으로 의심받게 되자 돌이킬 수 없게 되었다. 유대 공동체의 입장에서 그는 '무신론에 빠진 자'였다. 드디어 유대교회는 23살 스피노자를 파문하며, 다음과 같은 무시무시한 저주의 말을 남겼다.

"스피노자는 파문당하고 이스라엘 백성 가운데서 추방당해야 한다. 천사의 법령과 신성한 사람들의 명령에 따라서, 축복의 근원인 신의 승인과 신성한 전체 공동체의 승인을 받아서 그리고 613개의 계명이 쓰여 있는 이 신성한 두루마리 앞에서, 우리는 바루크 데 에스피노자를 파문하고, 추방하고 저주하고 비난한다. 여호수아가 에리코를 저주했던 그 저주로 그를 저주한다. 엘리사가 소년들을 저주했던 그 저주로 그를 저주한다. 율법 책에 쓰여 있는 모든 징벌로 저주한다. 낮에도 저주받을 것이며, 밤에도 저주받을 것이다. 누워 있을 때도 저주받을 것이며 일어나 있을 때도 저주받을 것이다. 나갈 때나, 들어올 때 저주받을 것이다. 주가 그를 용서하지 않을 것이며, 주의 분노와 질투가 그를 불태울 것이다.

이 책에 쓰인 모든 저주가 그를 덮칠 것이다. 주가 하늘 아래로부터 그의 이름을 없앨 것이다. 그리고 이 율법 책에 쓰여 있는 계약의 모든 저주에 따라, 주가 이스라엘의 모든 지파로부터 악에 속한 그를 떼어 놓을 것이다. 그러나 주, 너희 신과 함께 있는 너희 모두는 오늘날 살아 있느니라"(내들러, 31쪽).

이 문서는 "누구도 그와 교제를 나눌 수 없다. 말하거나 편지를 교환할 수 없고, 어떤 친절도 그에게 베풀어서는 안 되며, 같은 지붕 아래 그와 함께 머물러서도 안 되며, 그의 가까이에 가서도 안 되고 그가 쓴 책을 봐서도 안 된다"와 같은 경고로 끝난다. 이는 암스테르담의 유대인 공동체 구성원에게 지금까지 선언된 적이 없는 헤렘, 즉 종교적이고 사회적인 추방에 대한 가장 가혹한 표현이었다. 그해 유대교 평신도회의를 이끌던 공동체 지도자들은 스피노자를 파문하는 데 합당한 표현을 찾기 위해 성서를 포함한 종교문서를 이 잡듯이 뒤져야 했다(내들러, 32쪽). 그리고 그 기간에 다루어진 다른 많은 금지령과 달리, 스피노자에게 내려진 종교추방령은 이후에도 결코 폐기되지 않았다.

스피노자가 무슨 대역죄라도 저질렀다고 그런 가혹한 종교적 파문과 추방령을 내렸을까 의문을 가질 수도 있겠다. 하지만, 이후 자유와 민주주의 사상에 끼친 그의 불멸의 업적을 감안한다면 유대교 지도자들이 사태를 정확히 이해하고 사람을 제대로 알아봤다고 할 수밖에 없다. 20대에 이르러 자신의 미래가 마른 과일을 수입해 파는 가업을 잇는게 아니라, 철학, 곧 자연적 지식과 참된 행복추구에 있다고 확고하게 판단한 스피노자는 파문을 기꺼이 받아들였다. 어쩌면 바라던 바라고 생각했을지도 모른다. 이제 종교에 얽매이지 않고 보다 자유롭게 자신이 추구하는 이성과 자연적 학문연구에 더욱 매진할 수 있는 기회가 생겼기 때문이다. 스피노자는 큰 의미가 없긴 하지만 가톨릭으로 개종하고 바루크에서 베네딕트로 이름도 바꿨다. 스피노자는 1661년 유대공동체를 떠나 죽을 때까지 그곳을 방문하지 않았으며, 가족들 또한 만나지 않았다.

레이던이라는 네덜란드 도시 외곽의 조그만 마을인 레인스뷔르흐에 정착한 스피노자는 생계를 위해 렌즈를 깎으면서, 당시 그가 '나의 철학'이라고 불렀던 다양한 주제를 연구했다. 그의 운명의 라이벌은 바로 당대 유럽 최고의 지성으로 손꼽히던 데카르트였다. 데카르트가 스피노자에게 미친 학문적 영향은 곳곳에서 드러난다. 하지만 스피노자는 자신의 철학과 데카르트의 그것이 상당한 차이가 있을 뿐만 아니라 상반되기까지 하다는 사실을 발견했다. 그래서 그는 비교적 이른 시기인 1658년에 데카르트의 철학 방법론을 비판하는 『지성개선론』이라는 글을 썼고, 드디어 철학적 대표작이며, 인류지성사에 있어 가장 위대한 작품 가운데 하나인 『에티카』를 쓰기 위해 펜을 들었다.

스피노자는 1663년에 포르뷔르흐로 이사해서 1665년 여름에 이르기까지, 여러 해 동안 꾸준하게 『에티카』를 집필했다. 1665년 6월 정도에는 상당히 완성된 초고를 확보했다. 실제로 이 당시 『에티카』전체 5부 가운데 핵심 부분인 1부와 2부 절반을 완성했다. 그런데 이러한 계획에 갑작스러운 변화가 발생했다. 1665년 말, 스피노자는 『에티카』를 밀쳐 두고 『신학정치론』 집필에 착수했다. 그는 한 편지에서 자신의 계획이 변경된 이유를 밝히고 있지만 필자가 보기엔 종교와 정치적 문제에 대해 입장을 밝히는 일이 그의 필생의 업인 『에티카』를 완성하는 것보다 중요했는가, 그리고 당시의 정세가 학문적 계획을 급히 변경할 정도로 급박했던가 하는 문제에 있어 의문점 또는 아쉬움이 남는 것도 어느 정도 사실이다. 이유야 어쨌든 스피노자는 『신학정치론』을 썼고 우리는 그 책을 읽고 있다는 사실이 제일 중요하다.

스피노자가 종교나 신학적 주제에 관해 자신의 입장을 밝히는 일은 그의 학문 내적 동기에 비춰 보건대 그다지 중요한 사안은 아니었다. 그럼에도 불구하고 우리는 스피노자의 이 저작이 갖는 의미에 대해 평가할 필요가 있다. 스피노자는 『신학정치론』의 주요 주장이 철학자들이나 학식 있는 독자에게는 친숙한 주제일지 몰라도 미신이 공포만큼이나, 아니 공포보다 더 마음 한가운데 깊숙이 뿌리박혀 있는 일반 대중에게는 추천하지 않는다고 말하지만, 사실 『신학정치론』은 『에티카』나 다른 저작들에 비해 내용이 평이하며, 그래서 더 흥미 있고, 읽기가 비교적 수월한 편에 속한다.

물론 이는 어디까지나 스피노자의 다른 글들에 비해 상대적으로 그렇다는 얘기다. 역설적으로, 이러한 평이함과 접근의 수월성이 오히려 『신학정치론』의 최대 장점이다. 이 책이 없었다면, 사실 스피노자의 철학은 대단히 한정된 철학전공자들이나 접근 가능했을는지도 모른다. 『신학정치론』을 경유함으로써 우리는 『에티카』나 『정치학논고』 등 그의 핵심저작들에 다가갈 수 있는 교통로를 발견할 수 있고, 필자 역시 그와 동일한 과정을 밟음으로써 스피노자 사상의 진수를 다소간 이해할 수 있게 되었다.

『신학정치론』은 어떤 책인가? 이 책은 1670년 익명으로 처음 출간되었다. 하지만 사람들은 저자가 누구인지 즉시 알아차렸고, 대부분의 명저가 그러하듯이 시대와의 불화로 인해 곧 판매금지 될 운명에 처했다. 그래서인지 이 책 때문에 안절부절못했던 어떤 비평가는 그것을 악마가 쓴 "지옥에서 꾸며 낸 책a book forged in hell"이라고 비난하기까지 했다(내들러, 10쪽). 그래서 사람들은 이런 일화 때문인지 몰라도 스피노자가 엄청난 정치적, 종교적 박해 아래서 연구, 저술 활동을 한 것으로 상상하기도 한다. 하지만 이는 스피노자를 마치 시대의 순교자인 양 착각하는 억측에 불과하다.

물론 스피노자가 살던 시대가 『신학정치론』에서 주장하는 종교의 자유나 표현의 자유가 완전히 보장된 것은 아니었다. 그럼에도 불구하고 스피노자의 조국인 네덜란드 연합국, 그 가운데서도 홀란트 주는 가장 자유로운 나라였다. 특히, 홀란트의 수도였던 암스테르담은 근대과학과 철학이 꽃을 피우던, 당시 유럽 최고의 자유의 도시였다. 그 유명한 데카르트마저 학문의 자유를 위해 프랑스를 떠나 암스테르담에서 20년이나 살았을 정도였으니 말이다. 그래서인지 스피노자는 자신이 "모든 사람의 판단이 자유롭고, 자기의 양심이 명하는 대로 신을 모실 수 있으며 그리고 자유보다 더욱 소중하고 귀하게 평가되는 것이 없는 국가에서 살아가는 보기 드문 행운"(12쪽)을 누리고 있다고 말했다. 그러면서 자유의 결실로 상당한 번영을 누리고 있고 다른 사람의 경탄을 자아낼 정도로 발전하고 있는 대표적 도시로 암스테르담 시를 예로 들었다.

"이 번성하는 도시 안에서 모든 인종과 여러 종파의 사람들이 완전한 조화를 이루며 살아가고 있다. 자신의 상품을 동료 시민에게 외상으로 넘길 때도 그 시민이 가난한지, 부자인지 그리고 거래에서 정직하게 행동하는지 그렇지 않은지 이외에 다른 어떤 질문도 하지 않는다. 거래 상대방의 종교와 종파에 대해서는 아무도 중요하게 생각하지 않는다. 그것은 재판관 앞에서 자신의 변호가 설득력이 있느냐 그렇지 않으냐에 어떤 영향도 끼치지 않기 때문이다. 어떤 종파도 그 추종자가 다른 종파의 사람에게 해를 끼치지 않으며 맡은바 직분을 다하고 정직한 삶을 영위한다면, 행정당국의 보호를 거부당할 정도로 박해 받지 않는다"(380~381쪽).

『신학정치론』을 정확히 이해하기 위해서는 스피노자의 생애는 물론 살던 시대적 배경에 대한 이해가 어느 정도 필요하다. 이 역시 스피노자의 과학적 방법론에 따른 것이다. 스피노자는 어떤 책, 가령 성서에 대한 적절한 접근방법은 그 책이 쓰인 사회적, 정치적 환경과 더불어 저자들의 전기와 같은 요소를 검토하는 게 반드시 필요하다고 간주하고

있기 때문이다. 그런데 이런 역사적 배경을 이해하는 것은
『신학정치론』을 단지 시대의 산물로 정의하기 위함이 아니
다. 오히려 그 반대이다. 스피노자가 살던 시대의 역사적
배경을 이해함으로써 나는 『신학정치론』이 특정한 정치 ·
사회적 목적을 넘어 일반 이론적 사유를 행하고 있음을 주
장하려는 것이다.

　『신학정치론』을 저술할 당시의 네덜란드 정치와 사회
는 한마디로 '총독 없는 시대'로 요약된다. 이 '총독 없는 시
대'를 이해하기 위해서는 그것에 선행한 네덜란드의 거대
한 정치적, 역사적 격변을 이해할 필요가 있다. 네덜란드
는 신성로마제국의 핵심국가인 스페인의 오랜 식민지였
다. 그러다가 종교개혁을 기화로 독립전쟁이 발생했다. 독
립전쟁이 한창이던 1579년 1월 6일, 홀란트Holland, 제일란
트Zeeland, 위트레흐트Utrecht, 헬데를란트Gelderland, 오버레이설
Overijssel, 흐로닝언Groningen, 프리슬란트Friesland 등 7개 주가 위
트레흐트 동맹을 결성했는데, 바로 이것이 이후 네덜란드
공화국 탄생의 계기가 됐다.

　7개 주 연합으로 결성된 전국의회는 1581년, 유명한 '철

회령Act of abjuration'을 공표했다.* 핵심적 내용은 각주의 위원회가 주권을 가지며 주의 통치자는 주가 그에게 부여한 권한만을 행사한다는 것이었다. 동시에 지금까지 스페인의 펠리페 2세에게 했던 충성서약을 철회하고 그것을 네덜란드 연합에 대한 충성서약으로 대체한다고 선언했다. 스페인이 절대적 권력을 행사하던 16세기 정세에서 피지배 신민이 그들끼리 협의하여 국왕에 대해 '당신은 이제부터 우

---

* '철회령'(1581)의 주요 내용은 다음과 같다. "군주는 인민의 통치자로서 목자가 양을 돌보듯 억압과 폭력으로부터 인민을 지키라는 것이 하느님의 뜻임은 명백하다. 하느님이 인민을 군주의 노예로 만든 것이 아니요, 또 옳든 그르든 군주의 명령에 복종하라고 만든 것도 아니며, 오히려 군주가 신민들을 위해서 존재하며(인민이 없으면 그는 군주도 아닌 것이다) 그들을 공평하게 다스리고, 또 어버이가 자녀들에 대해서 그러하듯, 또는 목자가 양에 대해서 그러하듯 그들을 사랑하고 도움을 주어야 할 것이며, 때로는 목숨의 위험을 무릅쓰고서라도 그들을 지키고 보호해야 한다. 그런데 군주가 그렇게 행동하지 않고 오히려 인민들의 오랜 관습과 특권을 침해할 기회를 노리거나 노예적인 추종을 강요함으로써 그들을 억압한다면 그는 더 이상 군주가 아니라 폭군이며, 신민들 역시 그들을 다르게 보지 않을 것이다. 특히, 각 주들의 허락을 받지 않은 상태에서 이런 일들을 고의로 행하면, 그들은 그의 권위를 거부할 수 있을 뿐만 아니라 그들을 보호하기 위해 합법적으로 다른 군주를 선택할 수 있다. 이것은 신민들이 그들의 겸손한 탄원과 항의를 통해 군주의 마음을 부드럽게 만들지 못하든지 폭군적인 행동을 금지하지 못하는 경우 남겨진 유일한 방법이다. 그리고 이것이야말로 우리가 후손들에게 물려주어야 할 자유를 지키도록 자연법이 우리에게 명령하는 바이다"(주경철, 210쪽).

리의 지배자가 아니다'는 선언을 한다는 것은 역사적으로 대단히 특기할 만한 일이었다. 이 문건의 주요 내용들은 스피노자 정치사상의 형성에 지대한 영향을 미쳤고, 훗날 미국 독립선언의 모델이 되기도 했다. 미국 역시 독립하면서 각 주들과 중앙정부와의 관계, 지금까지의 지배 국가였던 영국과의 관계에 대해 정리할 필요가 있었고, 그때에 철회령과 네덜란드 연합과 같은 지난 과거 사례를 연구해야 했기 때문이다.

네덜란드 독립전쟁을 이끈 대표적 인물이 바로 오라네 Oranje 가문의 빌럼 1세였다. 오라네 가문은 3대를 이어 80년 동안이나 네덜란드 독립전쟁을 진두지휘했다. 그 공으로 네덜란드가 독립을 쟁취할 1648년 당시, 오라네 가문의 빌렘 2세는 막강한 권력을 쥐게 되었다. 프리슬란트를 제외한 나머지 모든 주에서 스타트하우더, 즉 총독 직을 차지했고, 그 결과 육, 해군의 지휘권을 장악할 수 있었다.

홀란트 주를 중심으로 하는 상공 부르주아가 이에 저항하고 과도한 권력집중을 막아야 한다고 소리를 높이기 시작했다. 스페인과의 오랜 전쟁도 이제 끝나지 않았는가?

이런 움직임에 주 연합의회가 앞장섰다. 의회를 중심으로 세금을 줄이고 군인 수를 줄이라는 목소리가 높아져 갔다. 빌렘 2세는 이 상태를 묵과할 수 없었다. 자기에게 저항하는 세력을 그대로 놓아두면 안 될 것으로 생각한 그는 주동자 6명을 체포했다. 국왕과 유사한 지위를 가진 강력한 인물을 한편으로 하고 지방 엘리트와 상공 부르주아 계급을 대표하는 의회 간에 내전이 막 시작되려고 했다. 그런데 이 상황에서 돌출적 사태가 발생했다. 빌렘 2세가 천연두로 갑자기 사망한 것이다. 사태가 극적으로 진행되느라고 그랬는지 그로부터 일주일 후 유복자가 태어났다. 그가 바로 오라녜 가문의 빌렘 3세이자 명예혁명으로 영국왕으로 즉위하는 윌리엄 3세였다.

최고 권력자인 빌렘 2세가 갑작스럽게 사망하자 의회는 이 기회를 활용해 중앙정부를 대표하는 총독에게로의 권력 집중을 막는 조치를 취하기 시작했다. 이후로는 모든 주의 총독 직을 한 사람이 맡아서는 안 된다는 원칙을 결정한 것이다. 그 결과, 네덜란드 연합 7개 주 가운데 5개 주에서는 총독을 임명조차 하지 않았고 주 의회가 그 권력을 대신 행사함으로써 '총독 없는 시대'가 시작되었다.

이 시기에 그와 같은 경향을 대변하고 그 방향으로 이끌어 간 인물이 바로 의회를 대표하는 얀 더빗Jan, De Witt이었다. 그는 '탈오라네화'라고 이름 붙일 수 있는 정책을 폈다. 그는 비밀 법령을 통해서 오라네 가문 사람들을 모든 정부 공직에서 배제하도록 했고, 특히 총독 직과 군사령관 직을 영구히 떼어 놓기로 했다. 누군가가 행정권과 군사권을 모두 손에 쥔다면 절대군주로 변질될 가능성이 크기 때문에 사전에 이를 방지해야 한다는 의도에서였다.

스피노자가 『신학정치론』을 쓰고 출간한 1670년 당시의 네덜란드는 오라네 가문이 아니라 연합의회의 명을 받아 얀 더빗이 통치하던 공화국 시대였다. 그로부터 2년 후인 1672년 8월 20일, 더빗 형제는 백주 대낮 헤이그 대로에서 성난 군중들에게 맞아 죽는다. 그 결과, 다시 총독시대가 도래했다. 스피노자는 빌럼 3세 총독체제 아래에서 『에티카』를 완성했다. 그리고는 유고인 『정치학논고』를 쓰다가 1677년 45세라는 한창 나이에 유명을 달리했다. 『에티카』를 포함한 그의 전 저작은 유고전집의 이름으로 마이어

등 친구들에 의해 1677년에 첫 출간되었다. 이때 역시 빌럼 3세 세습총독 치하에서였다.

정리하면, 스피노자는 『신학정치론』과 『에티카』, 그리고 『정치학논고』를 저술하면서 얀 더빗과 빌럼 3세 체제 모두를 경험했다. 이것은 스피노자가 『신학정치론』을 쓸 당시의 정세가 흔히 추정되는 폭정과는 크게 관련이 없었음을 말해 준다. 심지어 빌럼 3세의 지배조차 말이다. 빌럼 3세 체제 하에서 쓰인 『정치학논고』에서 스피노자의 현실주의적 관점은 더욱 깊어 간다. 이러한 현실주의적 관점은 스피노자가 마키아벨리를 인민의 자유를 옹호한 대표적 사상가로 간주하며, 철학자나 종교인보다 현실 정치인을 더욱 신뢰한 데서도 잘 드러난다. 그래서 스피노자가 『신학정치론』을 저술할 당시의 주요 갈등은 스피노자와 정부 사이의 대립이라기보다는 스피노자와 칼뱅주의적 교회권력 사이의 갈등으로 규정하는 편이 실제 현실을 더 잘 반영한다. 같은 이유에서 스피노자는 다음과 같이 쓸 수 있었다.

"내가 여기서 쓴 내용 가운데 무엇도 당국의 조사와 판단에 기꺼이 맡기지 못할 것은 전혀 없다. 내가 말한 것 가운데 당국에 의해 조국의 법에 위배되거나 공공선에 해악을 끼치는 것으로 판명된다면 기꺼이 철회할 용의가 있다. 나 역시 한 명의 인간이며, 그것도 오류를 범할 수 있는 인간이라는 사실 역시 충분히 알고 있다. 그래서 오류를 피하기 위해 세심한 주의를 기울였다. 내 글이 조국의 법과 충성심 그리고 도덕과 완전히 조화될 수 있도록 상당한 노력을 기울였음을 미리 밝혀 두는 바이다"(20쪽).

홉스조차 프랑스로 망명해 『리바이어던』을 썼고, 데카르트 역시 학문의 자유를 찾아서 암스테르담에 거주할 정도였다고 한다면, 스피노자는 비교적 우호적이고 자유로운 환경에서 자신의 학문 활동과 저술 작업을 해 나갔다고 할 수 있다. 비록 『신학정치론』에서 미신의 해악과 이를 맹목적으로 추종하는 대중들의 어리석음에 대해 격정적 분노를 토해 내고 있음에도 불구하고 말이다. 그렇기 때문에 우리는 『신학정치론』에 담긴 역사적 상황에 주목하기보다는 오히려 그것이 담고 있는 일반 이론적 특성에 주목할 필요가 있다. 종교, 신법, 자연법, 민주주의와 주권 등에 관해서 시대를 막론하고 주목할 필요성이 있는 빛나는 스피노자의 고견들 말이다.

사정이 이러한데도 더빗 형제가 대중들에 의해 살해당하는 현장을 목격하고 스피노자가 『신학정치론』을 썼다는 말도 안 되는 신화가 횡횡하게 되었는지 필자로서는 도무지 이해할 수 없다. 얀 더빗 형제는 1672년에 죽었고, 스피노자의 『신학정치론』은 1670년에 첫 출간되었는데도 말이다. 예나 지금이나 미신은 뿌리 깊다. 미신과 상상에 의해 『신학정치론』을 독해하는 습관이야말로 스피노자 사상의 정수를 제대로 이해할 수 없음을 자인하는 꼴이다.

# 2장
## 『신학정치론』의 대상과 연구방법

　스피노자의 『신학정치론』은 제목 그대로 신학, 곧 성서와 정치에 대한 해석 크게 두 가지로 구성된다. 이 책의 편제로만 본다면 1장부터 15장까지가 신학에 대한 부분에 해당하고 나머지 16~20장이 정치와 관련된 부분이다. 하지만 책의 구체적 내용 및 저술과 관련된 전반적 배경을 자세히 들여다보면 문제는 그렇게 간단치 않다. 스피노자는 자신의 학문적 연구 대상과 방법을 분명히 한, 당시로서는 상당히 보기 드문 사상가에 해당한다. 그러므로 우리는 스피노자의 전체 학문연구의 편제라는 관점에서 『신학정치론』의 대상과 방법, 그리고 연구결과의 중요성을 분석할 필요가 있다.

스피노자는 『신학정치론』을 통해 학문연구의 확고한 기초에 대해 언급했다. 그는 "가치 있는 인간욕구의 대상"을 그 중요도에 비춰 세 항목으로 분류한다. 그것은 "첫째, 사물의 제1원인을 통해 그 사물을 아는 것. 즉 사물에 대한 지식, 둘째, 정념의 통제. 다시 말해서 덕의 습관을 획득하는 것, 셋째, 안전하고 건강한 삶을 영위하는 것"(67쪽)이다.

그는 첫 번째와 두 번째 목표를 달성하는 데 도움이 되거나 혹은 그와 유사한 목표에 접근할 수 있는 유용한 수단은 '인간의 본성 자체'에 포함되어 있다고 말한다. "따라서 그것의 획득은 다만 인간의 힘과 인간 본성 자체의 법칙에 따라 정해진다고 할 수 있다. 이러한 재능은 특정 민족에게만 속해 있지 않고 모든 인류에게 언제나 공유되어 왔다고 결론지을 수 있다. 자연이 아주 오래전에 질적으로 상이한 종류의 인간을 창조했다는 망상에 빠지지 않는다면 말이다"(67~68쪽).

스피노자의 전체 연구 성과를 토대로 살펴보았을 때, 앞서 언급한 가치 있는 인간욕구의 대상 가운데 첫째 항목인 사물의 제1원인을 통해 그 사물을 아는 철학적 저술, 곧 윤리학이 그의 가장 중요한 연구주제였음을 알 수 있다. 이러한 문제의식을 담은 글이 바로 『지성개선론』과 그의 필생의 업적인 『에티카』이다. 그런데 이 못지않게 중요도를 더한 스피노자의 관심사가 바로 정치현상에 대한 연구다. 그도 그럴 것이 스피노자는 죽음이 거의 임박한 시점에서 정치와 헌법 관련 저술을 시작했다가 병세가 악화되어 끝을 보지 못했기 때문이다. 그래서 정치현상에 대한 본격적 연구서인 『정치학논고』는 그의 유작으로 남게 되었다.

정치학 연구가 바로 세 번째 가치 있는 인간욕구의 대상으로 지목한 '안전하고 건강한 삶을 영위하는 것'과 관련된다. 스피노자에 따르면 "안전과 육체적 건강을 달성하는 데 도움이 되는 수단은 주로 외적 환경에 달려 있다." 사물의 제1원인을 연구하거나 정념을 통제하여 덕의 습관을 획득하는 것이 개인의 고유한 지성과 덕을 연마하는 생활습관의 문제라고 한다면, 안전하고 건강한 삶의 성취는 "우리가 알지 못하는 객관적 원인"에 주로 달려 있기 때문에 "안전과 건강의 문제에서 바보와 현자는 행복하거나 불행할 확률이 거의 같다"(68쪽).

스피노자가 보기에, 인간의 사려 깊은 지혜와 용의주도
함이 타인과 야수로부터 해를 입지 않고 안전하게 사는 데
많은 도움을 줄 수 있다. 그리고 이와 같은 목적을 달성하
는 데 우리의 이성과 인간의 역사적 경험은 "확고한 법률
을 통해 사회를 조직하고, 일정 크기의 영토를 통해 모든
사회구성원의 힘을 하나의 몸체, 곧 정치사회적 유기체에
집중하는 것 이상으로 확실한 수단이 없음을 잘 보여 준
다"(68쪽).

"사회를 조직하고 보존하는 일은 보통 이상의 능력과 주의력
이 요망되는 작업이다. 통찰력 있고 사려 깊은 이들에 의해
설립되고 통치되는 사회는 보다 안전하고 안정적이며 전복
될 가능성이 적다. 반면, 잘 교육받지 못한 사람들에 의해 만
들어진 사회는 행운에 크게 의존하며 덜 견고하다. 그럼에도
불구하고 이러한 사회가 오래 존속할 수 있다면 그것은 자신
의 노력 때문이 아니라 다른 어떤 중요한 외적 영향 탓일 것
이다"(68쪽).

안전과 육체적 건강을 달성하는 데 도움이 되는 수단은 결국 정치를 어떻게 하느냐에 달려 있으며, 각각의 민족은 그들이 그 아래에서 살아가고 통치되는 사회조직과 법령의 차이, 곧 국가에 의해서만 서로 구분된다. 정치와 국가에 대한 연구가 바로 스피노자의 유작인 『정치학논고』의 핵심 주제에 해당이다. 여기서 『신학정치론』의 16~20장 부분이 그 책의 도입부에 해당한다.

스피노자는 가치 있는 인간욕구의 대상에 신학과 종교를 포함시키지 않았다. 바로 여기에 스피노자 사상의 진면목을 이해할 수 있는 단초가 놓여 있다. 잘 들여다보면, 무엇보다도 스피노자는 사실 신학, 종교와 관련된 연구를 그다지 할 생각이 없었다. 그 이유는 신학연구는 인간의 지성과 덕성, 그리고 정치공동체의 선량한 시민의 기질과 그다지 상관없는 일이었기 때문이다. 스피노자의 진정한 학문적 관심사는 철학과 정치학이었다. 『신학정치론』이 들고 있는 대표적 사례인 고대 이스라엘 국가조차 유대인들의 지혜나 정신적 자질, 그리고 신에 대한 깊은 신앙 때문이 아니라 특정 사회 조직에 의해 선택받은 것이며, 특정한 사회조직 덕에 그들은 우월적 지위를 오랫동안 유지할 수 있었다(69쪽).

이제 『신학정치론』의 저술동기가 보다 분명해졌다. 스피노자는 1665년, 『에티카』 제2부 집필을 잠시 중단하고 『신학정치론』을 저술하기 시작했다. 이 연구는 5년이 걸렸고, 『신학정치론』은 익명으로 1670년 출간되지만 사회분열을 조장하고 교회를 모독했다는 이유에서 판매금지 됐다. 스피노자의 집필의도야 어찌됐든 『신학정치론』의 출간은 당대의 가장 충격적인 사건이었음에 틀림없다. 이는 당시 교회와 저명한 신학자들의 격분을 통해서 잘 알 수 있다.

1670년 5월에 쓴 글에서 유명한 독일의 신학자 야코프 토마지우스는 익명으로 출판된 『신학정치론』에 대해 국가 전체에서 즉각적으로 금지되어야 하는 "사악한 문서"라고 맹렬히 비난했다. 위트레흐트 대학의 교수이며 토마지우스의 네덜란드인 동료인 레흐니르 만스벨트는 새로 나온 그 책은 모든 종교에 해로우며, "사람들의 기억 속에서 영원히 사라져야 한다"(내들러, 10쪽)고 강조했다.

이 모든 관심의 대상은 바로 『신학정치론』이라는 제목이

붙은 책과 그 책의 저자였다. 스피노자와 동시대의 사람들에게 『신학정치론』은 그때까지 출판된 책들 가운데 가장 위험한 책으로 간주되었다. 그들의 눈에 그 책은 종교적 신앙, 사회적이며 정치적인 조화, 심지어 일상의 도덕성까지 위협하는 것이었다. 사람들은 그 책의 저자가 종교적으로 불온한 자이며 정치적으로 급진적인 자라고 믿었다. 그의 정체가 그렇게 오랫동안 비밀에 부쳐지지는 않았지만, 기독교 세계에 무신론과 자유사상을 퍼트리려는 자임에 틀림 없다고 생각했다. 스피노자의 의도와는 무관하게 사건이 너무 커져 버린 것이다.

그럼에도 불구하고 신학 그 자체에 대한 연구가 스피노자의 내적 연구 관심사가 아니었음은 명백하다. 『신학정치론』에서 신학에 해당하는 부분은 전체 20장 가운데 3/4인 1장에서 15장까지에 해당한다. 신학과 종교에 관련된 서술이 상당 분량을 차지고 있긴 하지만, 스피노자가 자신의 주된 목표인 윤리학과 정치학 연구를 옆으로 제쳐 두고 신학과 종교비판에 긴급하게 나선 이유는 당대의 교회와 종교의 상황에 대한 인식, 곧 외적 동기가 지배했음을 알 수 있다. 그것은 바로 종교의 정치화 현상, 다시 말해서, "사랑, 기쁨, 평화, 절제, 모든 사람에 대한 박애가 기독교 신자임을 나타내는 증표라고 떠벌리는 자가 오히려 지금 상대방에 대한 적의를 불태우며 격렬히 다투거나 서로에게 강렬한 증오를 보이고 있"고 "파렴치하게도, 미신에 현혹되기 쉬운 군중의 습성을 악용하여 정당한 통치자로부터 대중의 마음을 멀어지게 하고, 이를 통해 다시금 우리를 노예 상태로 되돌리기를 갈망하는 자들이 여전히 많기 때문이다"(13쪽). 스피노자의 당대 기독교에 대한 상황인식은 결국 교회에 대한 격렬한 비판으로 이어진다.

"교회에 대한 잘못된 이해의 확산은 무뢰배들이 성직에 들어가고자 하는 강렬한 욕망에 불을 지폈다. 그 결과, 기독교를 널리 전파하려는 순수한 열정은 비열한 탐욕과 야망으로 타락하기에 이르렀다. 모든 교회는 교사 대신 웅변가가 설교하는 극장으로 바뀌었다. 그들 가운데 누구도 민중을 올바른 길로 인도하는 데 전력을 기울이지 않으며 오직 자신이 칭송을 받는 데만 혈안이 되었다. 또한 자신의 반대자를 공개적으로 비난하면서 회중의 귀를 즐겁게 해 줄 기이함과 역설로 가득 찬 내용을 설교하는 데만 열심이었다"(13~14쪽).

그러나 다른 무엇보다 스피노자가 심각하게 여기는 것은 종교가 정치에 개입하고 급기야 인간의 이성과 지성, 그리고 판단능력을 마비시키는 점이었다. "이성적 인간을 야수로 격하하고, 인간의 자유로운 판단과 참과 거짓을 구별할 수 있는 힘을 제거하여 참과 거짓을 구별할 수 있는 판단능력을 완전히 마비시키는 편견은 물론 이성 최후의 불꽃마저 완전히 소진시키려는 목적에서 주의 깊게 고안된 것이다. 신에 대한 존경, '오! 하나님'과 같은 말, 그리고 종교 자체가 우스꽝스럽고 불가해한 비밀의 뒤범벅으로 변해 버렸다. 이성을 완전히 발 아래로 내려 보면서 우리 지성이 본성적으로 타락한 것인 양 부정하고 외면하는 자들, 바로 이들이 천상의 빛을 가졌다고 여겨지는 자들이다"(14쪽). 그래서 종교와 신학에 대한 체계적 분석과 비판적 이해를 통해 종교를 마땅히 있어야 할 자리로 되돌리는 것, 그것이 『신학정치론』의 가장 주요한 목표였다고 할 수 있다.

스피노자가 만일 『에티카』 저술 작업을 중단하고 종교에 대한 자신의 입장을 개진하는 데 시간을 소모하지 않았다면 그의 내적 관심사인 철학과 정치에 대해 보다 심도 있는 연구 성과를 내놓을 수도 있지 않았을까? 하지만 이 역시 사후적 진술이요 결과론적 얘기일 수밖에 없다. 그래서 우리는 『신학정치론』의 올바른 해석을 통해 지금 여기서도 여전히 유의미한 스피노자 고유의 문제의식과 연구 성과를 읽어 낼 필요가 있다. 그 가운데 가장 중요한 것이 바로 스피노자가 『신학정치론』을 저술하며 일관되게 적용하고 있는 '과학적 방법론'이다.

스피노자는 『신학정치론』을 통해서 자신이 새로운 종교 이론을 주창한다거나 별도의 교리를 구성하기 위한 것이라고 언급한 적이 없다. 그런 의미에서 『신학정치론』은 종교 서적이 아니다. 책 전체에서 일관되게 주장하듯이, 신학과 종교의 본질을 규명하는 가운데, 이를 통해서 신학과 이성의 체계적 분리가 주된 목적이다. 한마디로, 그것은 "신학은 이성에 종속되지 않으며 이성도 신학에 종속되지 않음을 증명"(276쪽)하는 일이다.

먼저 스피노자가 『신학정치론』에서 성서연구에 적용한 과학적 방법에 대해 살펴보도록 하자. 스피노자는 성서를 해석하는 적절한 절차를 자연과학적 방법과 비교한다. "우리의 주장을 요약하면 다음과 같다. 한마디로, 성서 해석방법과 자연을 해석하는 방법과 크게 다르지 않다는 사실이다. 어찌 보면 완전히 같다고도 할 수 있다"(145쪽). 자연에 대한 과학적 인식은 형이상학적이거나 신학적인 선험원리를 전제로 하지 않고 "자연 자체로부터" 발견되어야 한다. 이와 마찬가지로 "성서를 해석하고 토론하는 데 있어서 성서 자체로부터 발견할 수 있는 내용을 제외하고는 그 밖에 어떤 원리도 인정하지 말아야 할 것"(145쪽)이다. 그러므로 "성서 해석방법에 대해 더 논의하기 위해서는 자연을 해석하는 데 사용하는 방법과 대단히 유사한 연구방법이 요망된다"(151쪽).

자연과학 연구가 자연이라는 대상을 벗어나지 않듯이, 성서연구는 성서의 "원리", 즉 성서의 저자들이 전달하려고 했던 가르침을 발견하기 위해, 성서 밖으로 나가지 말아야 한다. 예언자들이 문서에서 성서의 독자들에게 가르치려고 했던 종교적 교훈과 윤리적 원칙들이 무엇이든, 이성, 곧 "자연적 빛"의 도움을 받아 그 문서 안에서만 찾아야 한다. "성서 해석은 성서 자체에 대한 연구에서 출발해야 한다. 성서에서 반박 불가한 근본원리를 발견하고 이로부터 올바른 결론을 도출함으로써 성서를 쓴 사람에 의도를 정확히 파악하는 게 방법론적 핵심이다"(145쪽).

자연과학과 마찬가지로 성서를 해석하는 '과학'은 자료를 수집하는 것으로부터 시작한다. 성서를 보면, 관련된 중요한 자료는 일방적 교리 내지 선언 일색이다. 어떤 저자가 신에 대해 말한 것, 다른 저자가 신성한 섭리에 대해 말한 것, 그리고 가장 중요한 것으로, 또 다른 저자들이 윤리적 문제에 대해 말한 것, 곧 무엇이 옳고 선한지에 대한 것 등이다. 일단 자료가 수집되면, 이 모든 자료는 저자와 내용에 따라 적절하게 조정되어야 한다. "각각의 책에 대한 분석 및 특정 주제에 따른 내용 분류. 이러한 방법을 통해서 우리는 같은 주제를 다루고 있는 다양한 텍스트를 구할 수 있다"(147쪽). 여기에 더해 해석자는 성서의 저자들에 대해 알 수 있는 모든 것을 수집할 필요가 있다. 해당 연구자는 각 저자의 전기적, 역사적, 정치적, 심지어 심리학적 배경을 조사할 필요가 있다.

"성서의 역사에 대한 우리의 연구는 현존하는 예언서와 관련한 주변 상황을 진술해야 한다. 이를테면, 각 책의 저자의 생애, 성격, 작품, 그가 누구인지, 그의 시대에 무슨 일이 일어났는지, 누구를 위하여 그리고 어떤 말로 썼던지 등에 관해 상세하게 밝혀야 한다 … 어떤 말이 율법으로 진술되었고 어떤 말은 도덕적 가르침으로 진술되었는지를 알기 위해 저자의 생애와 성격 그리고 추구하고자 했던 목표 등에 관해서도 자세히 아는 게 대단히 중요하다. 나아가, 특정 저자의 천성과 기질에 관해 알면 알수록, 그만큼 그 저자가 쓴 글을 더욱 쉽게 설명할 수 있을 것이다"(150쪽).

스피노자는 그 사람이 누구인지, 무엇에 관심이 있는지, 왜 글을 쓰는지 그리고 누구에게 전하려고 하는지 알지 못한다면, 그 사람이 말하려고 하는 것이 무엇인지를 알 수 없는 경우가 잦다고 말한다. "그러므로 모호하거나 이성적으로 잘 이해할 수 없는 책의 의미를 제대로 이해하고자 한다면 글을 쓴 저자에 관해 어느 정도 아는 것이 필수적이다"(162~163쪽). 성서에 나타난 모든 저자들, 특히 예언자들은 도덕적, 사회적 메시지를 염두에 둔 채 상상력이 풍부한 문학작품을 만들고 있기 때문이다. 비록 상상과 증표가 다르고 독자층이 다르다고 하더라도 변하는 것은 없다. 이는 성서에 등장하는 예언자들을 이해하기 위해 특별히 중요한 해석방법이다.

비판적인 자료의 마지막 단계는 성서 텍스트가 전달되는 역사를 포함한다. 이 과정은 텍스트의 진정성을 결정하고, 여러 세대를 거쳐 오는 동안 발생했던 변질이나 훼손을 발견하기 위해 근본적인 것이다. 해석자는 "책의 출처가 확실하다는 것뿐만 아니라 그것이 다른 사람의 삽입구로 오염되지는 않았는지, 오류가 스며들지는 않았는지, 이것이 숙련되고 신뢰할 만한 학자에 의해 정정되지 않았는지"(150쪽)를 꼼꼼히 검토할 필요가 있다.

이 모든 것이 이루어지면, 과학자와 마찬가지로 해석자는 이제 현상을 지배하는 보편적인 원리를 발견하려고 나아갈 수 있다. 이 경우, 그는 성서에 등장하는 각각의 예언 자들이 모든 예언서를 통틀어 선포한 보편적인 교의를 식별할 수 있다. 자연과학자가 자연의 법칙을 찾는다면, 성서연구자는 "성서의 역사에서 가장 보편적이며 성서 전체의 기초와 토대를 이루는 원리를 우선 찾아내야" 하며, 이것은 "사실상 성서 속의 예언자에게서 영속적이며 모든 사람에게 가장 유익한 교리로 추천된 내용이다"(151쪽).

스피노자에게는 이처럼 성서를 해석하는 과학적이고도 객관적인 방법이 있다. 그 방법은 성서의 많은 그리고 주요 부분에서 성서의 저자들이 의도했던 의미를 적어도 비슷하게라도 이해하기 위해 성서를 해석하는 사람이 따라야 하는 것이다. 성서에 대한 적절한 접근방법은 텍스트 자체와 그것이 쓰인 언어뿐만 아니라 그 텍스트가 구성된 사회적, 정치적 환경과 더불어 저자들의 전기와 같은 요소를 검토할 것을 요구한다. 성서를 "성서로부터만" 검토하는 것은 배타적으로, 그러나 관련된 모든 성서적 고찰로부터 연구하는 것을 분명히 의미한다. 스피노자가 요구하는 것은 성서에 대한 역사적 접근 방법이다. 그리고 그것은 그 문서가 만들어졌던 본래의 다양한 문맥에 주의를 기울이는 것을 포함한다(내들러, 235쪽).

스피노자의 성서해석에서 이성은 중요한 역할을 담당한다. 성서 해석은 텍스트의 자료나 역사적 자료를 꼼꼼하게 연구하면서, 사람들이 이성적 능력을 사용할 것을 요구한다. "나의 성서 해석방법은 자연적 이성의 도움만을 요청한다는 사실이 모두에게 명백해졌으리라 확신한다. 자연적 이성의 본질과 유용성은 기왕에 알려진 것에서 알려지지 않은 내용을 또는 이론적 전제를 정립하고 거기에서부터 올바른 결론을 도출하고 증명하는 데 있다"(165쪽).

하지만 성서해석과 성서의 가르침을 올바로 이해하기 위해 필요로 하는 이성은 『에티카』와 같이 철학이나 정치학 연구를 위해 필요로 되는, 추상적 사유 내지 이를 가능케 하는 고도의 지성이라기보다는 성서를 읽고 나서 무엇이 옳고 무엇이 그른가를 이해할 수 있을 정도의 판단력과 같은 이성이다. 성서해석의 핵심은 "각 개인의 판단의 자유를 세우는 것"(173쪽)이라고까지 말할 수 있을 정도다. 그래서 스피노자는 건전한 판단력, 곧 이성을 부여받은 사람이라면 누구라도 성서의 주요 가르침을 이해하는 데 필요한 재능이 있다는 사실을 주장할 수 있었다.

"성서를 해석하는 최고 권위가 각각의 개인에 속함으로써 성서 해석의 원칙은 당연히 어떤 초자연적 빛이나 외적 권위가 아니라 오직 모든 사람에게 공통된 자연의 빛, 곧 이성이어야 하기 때문이다. 그 규칙은 학문적으로 숙련된 철학자만이 그것을 사용할 수 있을 정도로 어려워서도 안 된다. 이와는 반대로 인간의 평범한 능력과 역량을 기준으로 삼아야 하며, 나는 이러한 방법론이 실제로 그렇게 될 수 있음을 입증했다고 생각한다"(173쪽).

지금까지 우리는 『신학정치론』, 그 가운데 특히 스피노자의 성서해석에 적용된 과학적 방법에 대해 살펴보았다. 그것은 바로, 성서해석을 위한 올바른 방법은 자연 연구에 사용되는 과학적 방법과 그 본질에 있어 차이가 없다는 것이다. 다만, 성서해석은 신앙과 믿음이라는 신학 자체의 대상적 특성에 비춰 보았을 때, 물리, 생물학 등 자연과학이나 철학, 정치학 등 사회과학 연구와 달리, 어떤 보편적 원리나 법칙이 지배하기보다 성서를 해석하는 최고 권위가 개별적 사람들에게 속함으로 해서 그 수만큼이나 해석의 다양성이 견지될 수밖에 없음을 주장하는 것이다. 이로부터 스피노자가 성서에 대한 해석으로서의 신학과 종교를 현대적 의미의 과학적 연구대상으로부터 체계적으로 제외시키려 했음을 알 수 있다. 또한 신학연구가 철학이나 정치학 연구와 달리, 그의 내적 연구관심사가 아니라 당시 그가 처했던 상황에 의한 외적 동기가 크게 작용했다는 필자 주장의 의미를 보다 잘 이해할 수 있을 것이다.

# 3장
## 스피노자의 성서해석과 종교비판:
"성서는 철학이 아니라 오직 경건만을 가르친다"

『신학정치론』을 통해 나타난 스피노자 연구방법론에 있어서 가장 중요한 사실은 종교와 정치를 보편도덕의 관점에서 바라보지 않는다는 것이다. 다시 말해서, 무엇이 옳다 그르다 하는 이분법 내지 선악의 관점이 아니라 인간사회에서 종교, 정치 현상이 필연적으로 발생할 수밖에 없는 발생론의 관점에서 종교제도의 핵심에 다가가야 한다는 것이다. 이는 종교건 정치건 과학적 분석의 관점에서 접근해야 함을 의미한다. 스피노자 스스로도 성서에 대한 자신의 방법이 과학적 방법임을 밝히고 있다. 요컨대, 종교와 정치의 본성 및 그것의 상반된 본질을 규명하는 것이 『신학정치론』의 목표다.

신학이 그의 내적 관심사가 아니었음에도 『에티카』 저술을 중간에 멈춘 채, 『신학정치론』에 긴급히 매달린 이유는 '정치의 종교화' 혹은 '종교의 정치화'라는 이중적 왜곡을 비판하기 위함이다. 한마디로, 신학과 정치의 본성에 대한 과학적 해석을 통해 정치와 종교를 그 본성에 맞게 제 자리로 돌려놓으려는 것이다. 하지만 스피노자는 '종교의 정치화' 현상을 도덕주의적 맥락에서 비난하지 않는다. 왜냐하면, 종교의 정치화는 권력과 명예를 추구하는 인간의 욕망에서 비롯된 것이기도 하기 때문이다.

종교의 권력화는 인위적으로 없앤다고 해서 사라질 성질의 문제가 아니다. 다만, 우리는 종교의 정치화 현상을 최대한 억제 내지 방지함으로써 종교와 정치의 본래 목적에 맞게 인간 행복과 정치 공동체의 민복에 기여할 수 있는 길을 모색할 수 있다. 교회를 주관하는 사제는 이제 더 이상 종교와 정치영역 모두에서 권력을 가지려 해서는 안 된다. 이게 바로 『신학정치론』이 다른 누구보다도 사제와 종교지도자들의 비판과 저주의 대상이 됐던 가장 큰 이유였다. 성직자들은 스피노자의 성서해석이 특별히 급진적이고 비판적이라기보다는 자신들이 누리던 정치와 종교 양 영역에서의 기득권을 근본적으로 박탈하려는 것이었음을 본능적으로 간파했기 때문이다.

스피노자의 기념비적 저작인 『에티카』에 나타난 정의, 공리, 정리, 증명의 난해한 기하학적 구조와 달리, 『신학정치론』은 본성에서는 동일하지만 한층 추론 가능하며 이해하기 쉬운 방법으로 설명한다. 특별히 주석이 필요한 연역적 논증에 지면을 할애하기보다 주장을 펼치기 위해 다양한 방법을 사용한다. 이는 어찌 보면 너무나도 당연한 얘기다. 왜냐하면, 과학적 방법은 연구하고자 하는 대상의 특성에 맞춰져야 하기 때문이다. "성서를 해석하고 토론하는 데 있어서 성서 자체로부터 발견할 수 있는 내용을 제외하고는 그 밖에 어떤 원리도 인정하지 말아야 할 것"이라는 성서해석의 대원칙에 기반하여, 스피노자는 과학적 연구의 일환으로서 성서 주석, 문학적 해석학, 역사적 연구, 철학, 경험주의적 관찰, 철학적 반성과 신학적 반성, 적법한 분석 그리고 정치에 대한 이론적이며 실천적인 사고 등 다양한 연구방법론을 적절하게 사용한다(내들러, 53쪽).

『신학정치론』의 저술 목적과 방법론에 유의하면서 이제 성서 자체를 통해 의미 있는 신학적 연구 주제를 확정하고 그것에 대한 스피노자의 해석을 살펴보고자 한다. 이러한 문제를 『신학정치론』 서문에서 비교적 자세히 밝히고 있다. 스피노자는 어디에도 얽매이지 않은 "자유로운 정신에 기반을 두고 성서를 새롭게 검토할 것을, 그리고 무엇보다도 성서 그 자체로부터 분명히 발견할 수 있는 것만을 종교적 가설과 교리의 근원으로 간주하기로 굳게 마음먹었다"(15~16쪽). 나아가 성서는 그 자체로 훨씬 많은 것을 가르칠 것이기 때문에 사람들이 임의로 가공하려 하지 않는 편이 더 나을 것이라는 성서 해석의 기본 방침은 성서에 대한 철저한 이해와 엄밀한 탐구를 하고 난 다음에야 도달할 수 있는 것이지, 성서 연구의 시작 단계에서는 만들어질 수 없다고 강조한다(15쪽).

이처럼 올바른 성서해석을 위한 몇 가지 원칙에 입각하여 성서 해석방법을 만들어 나가면서 예비적 단계의 연구 준비를 갖춘 후에 다음과 같은 물음을 던진다. 곧, 예언이란 무엇인가? 신은 어떤 방식으로 예언자에게 자신을 드러내며, 예언자가 신에게 선택받은 이유는 무엇인가? 그것은 그들이 신과 자연에 관한 인식에서 최고에 도달했기 때문인가, 아니면 오직 신을 독실하기 경배했기 때문인가? 이 물음들에 답하는 과정에서 스피노자는 "예언자의 권위란 도덕적 사안에 대해서만 무게를 지닐 뿐, 그들의 사변적 교리는 우리에게 별다른 영향을 끼치지 못한다는 결론"(16쪽)에 도달한다.

## 1. 예언과 예언자: 상상적 지식에 의거한 도덕적 권위

예언자의 권위란 도덕적 사안에 대해서만 무게를 지닐 뿐, 그들의 사변적 교리는 우리에게 별다른 영향을 끼치지 못한다고 결론 내렸을 때, 이는 예언자와 예언의 권위를 단지 깎아내리려는 것이었는가? 그렇지 않다. 오히려 정반대이다. 예언자는 신과 자연에 관한 인식에서 최고에 도달했기 때문이 아니라 신을 독실하기 경배했기 때문에 신에게 선택받았다. 성서에서 드러난 예언과 예언자의 본성을 알아차리지 못한 채, 예언자가 마치 신과 자연에 관한 인식에서도 최고에 도달한 양 꾸며 내는 자들에 의해서 성서와 예언자의 권위는 오히려 훼손되어 왔다는 게 스피노자의 생각이다. "이러한 사실은 성서의 참된 해석과 연구의 토대로 이들이 성서에 나오는 모든 구절에는 진실 되고 신성함이 깃들어 있다는 식의 원칙을 이전부터 견지해 왔다는 점에서 보다 분명하게 드러난다"(15쪽).

무엇인가가 사람들을 정의와 자비에 따라 행동하도록 만들고, 그것이 사람들로 하여금 신과 자신들의 이웃을 사랑하도록 한다면, 그 무엇이든지 간에 신성하고 거룩한 것이다. "어떤 사물이 종교적 경건함을 고무할 수 있을 때 그것은 신성하다고 불린다"(244쪽). 즉, 그것이 경건한 행위와 연결되어 있는 한에서 말이다. 그러므로 "성서가 지닌 신성함은 성서는 참된 덕목만을 가르친다는 사실로부터 증명되어야 하며, 우리의 결론 역시 성서 자체에 토대를 두어야 한다"(146쪽). 스피노자는 오직 이 점에 있어서만 성서에 관한 특별한 어떤 것이 있다고 믿는다.

예언자는 자연의 빛, 곧 뛰어난 이성적 능력을 바탕으

로 자연을 탐구한 과학자가 아니라 신을 독실하게 경배하며 성서의 참된 덕목을 가르치는 교사였다는 점에서 도덕적 권위를 지니는 것이다. 이는 성서에 나타난 예언과 예언자의 본성을 분석하면 더 잘 알 수 있다. 스피노자는 "예언이나 계시"를 "신이 인간에게 자신을 드러내는 확실한 지식"(21쪽)으로 정의한다. 그리고 "예언자"란 "계시된 내용에 관해 명료한 지식이 없기 때문에 오직 종교적 믿음에 의해서만 지식을 받아들이려는 사람들" 곧 대중에게 "신의 계시를 해석해 주는 사람"이다. 곧 예언자는 신의 말씀의 해석자이다.

예언이 인간에게 영향을 미치는 이유는 인간정신이 신의 본성을 포함하고 있기 때문이다. 또한 부분적으로는 신의 본성을 공유하며 그로 인해 자연 현상을 설명하고 도덕성을 심어 줄 수 있는 개념을 형성할 수 있기 때문이다. 이렇게 생각되는 한에서 우리는 인간 정신의 본성이 신의 계시의 일차적 원인이라고 정당하게 말할 수 있다. 신이 인간에게 계시하는 방법과 수단을 본다면, 이러한 방법과 수단에는 보통의 자연지식을 넘어서는 것도 있고, 자연지식의 범주 안에 있는 것도 있지만, 신이 인간에게 계시하는 방법과 수단은 대체로 보통의 자연지식을 넘어서는 것이 대부분이다(24쪽). 그 이유는 신의 계시가 드러나는 예언과 이에 대한 해석이 예언자의 상상력에 의존하기 때문이다. 바로 여기에 예언과 예언자의 근본 특징이 있다.

스피노자는 신이 누군가에게 말했다고 해서 성서에 기술된 모든 것을 예언이나 계시로 예단해서는 곤란하다고 말한다. "오직 성서 안에서 예언이나 계시였다고 명시적으로 선언하는 것이나 또는 다른 해석의 여지없이 맥락상 오직 그렇게 해석될 수 있는 것만을 우리는 예언으로 받아들여야 한다"(24~25쪽). 성서를 정독해 본다면, 신이 예언자에게 계시했던 내용은 "신의 육성이나 신의 직접적 출현 내지 육성과 출현 양자의 결합"에 의해 만들어졌음을 알 수 있다. 신의 말과 직접적 출현에는 두 가지 방식이 있다. "하나는 계시를 듣거나 보았던 예언자의 정신 외부에 그것이 직접 존재할 때 이는 실재했다고 할 수 있다. 다른 하나는 예언자가 듣거나 보았다고 추정되는 것으로 명백히 판정할 수 있는 상황을 예언자가 '상상'한다 했을 때, 이는 실재한 것이 아니라 단지 예언자의 머리에서 상상된 것이다"(25쪽).

한편, 성서에 드러난 예언과 예언자를 분석해 보았을 때, 신을 직접 대면하거나 다른 어떤 매개 없이 계시를 받은 예언자는 모세와 예수 외엔 존재하지 않는다. 따라서 모세와 예수를 예외로 한다면, "신의 계시는 말이나 환상, 곧 상상력의 도움을 통해서만 전달될 수 있었다고 결론"내릴 수 있고, "예언능력이란 극히 예외적으로 뛰어난 정신적 힘이 아니라 생생하게 상상할 수 있는 능력과 결부"(31쪽)되어 있었다는 것을 알 수 있다.

이제 예언자가 신의 계시를 오직 상상력만으로, 곧 실재 또는 상상 속의 말이나 환영을 매개로 인식했다고 주저 없이 말할 수 있다. 이것을 제외한 다른 어떤 방법도 성서에서 발견할 수 없기에, 우리는 다른 무엇도 자의적으로 발명해서는 안 될 것이다. 성서가 폭넓게 뒷받침하고 있듯이, 예언자는 비범하고 완전한 정신을 부여받은 것이 아니라 보다 생생하게 상상할 수 있는 능력을 부여받았다. 이에 반해 솔로몬은 지혜로움에서는 모든 사람을 능가했지만 예언능력에서는 그렇지 못했다(42쪽).

상상은 명약관화한 개념이 함축하고 있는 것과 동일한 정도로 본성에서 진리의 어떤 확실성도 포함하지 않는다. 우리가 그것의 객관적 사실성을 확신하기 위해서는 어느 정도는 외부로부터의 추리가 요망된다고 하겠다. 예언은 확실성을 산출할 수 없다. 그래서 예언자는 신의 계시를 계시 자체가 아니라 특정 증표를 통해서 확인했다(43쪽).

예언자가 증표에 의해 구해진 확증은 수학적인 것, 즉 이해되거나 실존하는 사물에 대한 인식으로부터 필연적으로 도출되는 확실성이 아니라 오직 도덕적 종류의 것이었다. 또한 그 증표는 오직 예언자를 확신시키기 위해서 주어진 것이었기 때문에 각각의 증표는 예언자의 능력과 견해에 따라 맞추어졌다. 그러므로 어떤 예언자를 확신시키는 증표가 그와 견해가 다른 예언자를 납득시키지는 못할 것이라는 점은 당연했다. 한마디로, 증표는 예언자마다 달랐다고 해야 할 것이다. 마찬가지로, 계시 역시 각 예언자의 기질과 성격에 따라, 그리고 그전부터 지녀온 견해에 따라 차이가 있었다. 계시는 상상의 유형과 상상의 방식, 예언자의 상이한 신념과 견해, 예언자의 말투에 따라서도 달라졌을 뿐만 아니라 계시의 명료함에서도 역시 차이가 있었다. 그 이유는 당연하게도 예언이 예언자의 능력과 견해에 오직 맞추어졌기 때문이다.

"나는 예언이나 계시가 예언자가 이전부터 지녀 온 뿌리 깊은 신념 그리고 다양한 편견에 따라 차이가 있었다는 사실에 대해 자세히 언급하고자 한다. 내가 언급하고자 하는 사안은 정직 및 도덕적 관점과 관련이 있으며, 철학적 추론과는 전혀 다른 것이다. 나는 이것을 상당히 중시하는데, 예언과 관련된 재능은 예언자를 현명하게 만들지 않고 이전에 갖고 있던 신념을 그대로 지니게 하기 때문이다. 그러므로 우리는 지적 능력과 관련된 철학적 사변의 문제에 관한 한 예언자를 무조건 신뢰할 필요가 전혀 없다"(50쪽).

스피노자에 따르면, 대부분의 성서 해석자들은 예언자가 마치 인간 지성의 범주 안에 있는 모든 것을 인식하기라도 했던 양 꾸며 내려 했다. 성서의 어떤 구절을 보면 분명 예언자가 특정한 측면에서는 무지했다는 사실이 명백히 드러나 있다. 그럼에도 불구하고, 그들은 예언자가 알지 못했던 무언가가 있었다는 것을 인정하기보다는 우리가 성서 구절을 이해하지 못한 것이라고 하거나, 아니면 그 구절이 명백하게 의미하고 있지 않는 것을 명백히 의미하고 있는 양 성서를 왜곡했다(50쪽). 한마디로, 그들에게 예언자는 신의 해석자이자 동시에 고도의 이성을 지닌 철학자 내지 자연을 탐구하는 과학자이어야 했다. 하지만 이러한 시도야말로 성서가 전하는 본래의 의미를 왜곡하고 급기야 종교의 진정한 토대마저 붕괴시키는 사태를 초래할 것이다. 스피노자는 빛의 굴절 현상과 밤이 없이 낮만 지속되는 '환일幻日' 현상을 그 사례로 성서를 무오류의 경전인양 숭배하는 조류에 대해 비판한다.

"여호수아와 그의 일대기를 썼던 저자처럼, 태양이 지구 주위를 돌고 있고 지구가 고정되어 있으며 특정 시기에 태양이 잠시 멈춰 선다고 생각했다는 것보다 성서 안에 더 분명한 사실은 없다. 하지만, 천체의 어떤 운동도 인정하지 않는 많은 사람들은 이 구절을 완전히 다른 의미로 해석한다. 보다

과학적인 태도를 택했고, 지구가 움직이며 태양은 움직이지 않거나 지구 주위를 돌지 않는다는 것을 이해한 다른 사람들은 성서의 원문을 거역하면서 의미를 왜곡하려고 갖은 노력을 기울였다. 사실, 나는 그들의 시도가 놀라울 따름이다. 정말이지 우리는 군인이었던 여호수아가 탁월한 천문학자였다고까지 믿어야 한단 말인가? … 마찬가지로, '뒤로 가는 그림자'라는 계시의 증표는 이사야가 이해하고자 하는 방식에 따라 태양이 거꾸로 돈다는 식으로 그에게 계시되었다. 이사야 또한 태양이 움직이고 지구는 정지해 있다고 생각했기 때문이다. 아마도 그는 환일幻日에 관한 관념을 결코 갖고 있지 않았던 것 같다. 이와 같이 결론 내리는 데 우리는 조금도 주저할 필요가 없다. 왜냐하면, 그것의 진정한 원인을 모른다 해도 이적은 실제로 일어날 수 있었으며, 이사야는 왕에게 그것을 예언할 수 있었을 것이기 때문이다"(51~52쪽).

이런 종류의 문제뿐만 아니라 보다 중요한 다른 문제에서도 예언자가 무지했을 가능성은 충분하며 실제로도 그랬다. 신의 속성에 관한 그들의 가르침은 전혀 특별하지 않다. 성서에서 광범위한 증거를 들어 보여 줄 수 있는 노릇이지만, 계시에 적용된 신에 관한 그들의 생각은 당시 많은 사람이 공유했던 내용으로 계시 역시 이 생각에 맞춰진 것이었다. 이로부터, 예언자가 칭송과 명성을 얻었던 것은 절정에 달한 지성의 탁월성이 아니라 종교적 경건함과 신에 대한 신실함 때문이었다고 결론 내릴 수 있다(53쪽).

스피노자는 이제 자신이 입증하고자 했던 사실이 충분히 밝혀졌다고 말한다. 그것은 무엇보다 "신은 자신의 계시를 예언자의 이해력과 지론에 맞추었다는 것"이다. 자비나 도덕성과는 아무런 상관없는 순전히 이론적 문제에 관해서는 예언자가 무지했을 가능성이 높다. 그들은 실제로 무지했고 서로 상충된 견해를 보이기조차 했다. 따라서 우리는 자연 혹은 정신적 현상의 지식에 관한 한 결코 예언자에게 의지해서는 안 된다.

"계시의 목적과 그것이 전달하고자 하는 요지에 대해서만 예언자를 신뢰해야 한다. 기타 자세한 내용에 대해서는 자신의 선호에 따라 믿어도 그만 안 믿어도 그만이다. 예를 들어, 카인에게 한 계시는 신이 그에게 진실한 삶을 살아갈 것을 훈계했다는 사실만을 우리에게 가르친다. 왜냐하면, 단지 그것만이 계시의 목적과 요지이며 자유 의지라든지 철학적 교리와 같은 문제와는 전혀 관련이 없기 때문이다. 훈계하는 어법과 논법이 의지의 자유를 명백하게 내포하는 것처럼 보인다 할지라도, 우리는 그것과 상반된 견해를 가질 자유가 있다. 한마디로, 사용된 어법과 논법은 전적으로 카인의 이해 방식에 맞추어졌다"(61쪽).

예언은 스피노자가 구원으로 이해하는 것으로 가는 길을 보여 준다. 그 길은 덕, 행복, 이 세상에서 안녕으로 향한다. 예언자들의 교훈은 그런 면에서 중요한 가치가 있다. 그들은 무엇보다도 먼저 대중을 향한다. 예언은 예언자들의 기질과 성격, 또는 능력과 견해뿐만 아니라 대중들의 신념과 견해라는 눈높이에 맞춰질 필요가 있다. 철학적으로 교육받은 자들과 달리, 대중은 인간의 번영을 위해 지적으로 어려운 길을 갈 수 없다.

예언자들의 쉽고 다채로운 이야기는 정의와 자비의 요

구에 적어도 형식적으로라도 순종하도록 사람들의 영감을 자극하는 데 도움을 준다. 이런 관점에서 보자면, 예언의 가치는 엄밀히 실제적이다. 스피노자는 예언서의 목적은 순종이라고 주장한다. 사람들에게 적절한 윤리적 행동을 준수하도록 하는 것 말이다. 하지만 스피노자가 예언과 예언자, 그리고 종교의 근본적 토대에 대해 다소 장황하리만치 분석한 진정한 이유는 "신학에서 철학을 분리하고자 하는 단 하나의 목표"(62쪽)에 집중하기 위함이다. 이로부터 스피노자가 내린 최종결론은 "성서는 인간이 올바르게 살아가는 데 무엇이 필요한가와 같은 단순한 교리를 가르치"(255쪽)고 있기 때문에 "신학은 이성에 종속되지 않으며 이성도 신학에 종속되지 않는다"(276쪽)는 사실뿐이다.

## 2. 이스라엘인들은 과연 신에 의해 선택된 민족인가?

스피노자는 예언과 예언자의 문제를 검토한 후, 예언의 재능이 이스라엘인들에게만 고유한 것이었는지 아니면 다른 민족에게도 속한 공통의 자질이었는지의 여부와 함께 이스라엘인들의 소명으로 알려진 문제에 관해 살펴본다. 이 문제는 다른 식으로 표현하면, 이스라엘인들이 어째서 신에 의해 선택된 민족, 소위 '선민選民'으로 불렸는가의 문제에 대해 고찰하는 것이다.

예언의 재능은 이스라엘인들에게만 고유한 것이 아니었고 따라서 그들이 타고난 천성으로 특별히 독실하게 신을 경배한다거나 타 민족에 비해 덕성이 뛰어났기 때문에 신에 의해 선택됐다고 볼 만한 근거는 전혀 없다는 게『신학정치론』의 일관된 주장이다. 성서 자체가 충분히 뒷받침하고 있듯이, "지적 능력과 덕성, 즉 은혜의 관점에서는 신이 모든 민족에게 똑같이 축복을 내리기 때문이다"(73쪽). 지적 능력 및 참된 덕과 관련된 한에서 모든 민족은 평등하다. 신은 이 문제에 관해서 특정한 민족을 그 밖에 다른 민족에 우월한 것으로 결코 선택하지 않는다.

"우리는 지식이나 경건함이 아닌 몇몇 기질적 특성에서 그들이 다른 민족과 달랐다는 사실에서, 그리고 종종 그러한 식으로 이해하도록 가르침을 받아 오긴 했지만, 고도의 이해능력, 성서를 빌리면 이스라엘인들은 그들의 참된 삶이나 숭고한 이상 때문이 아니라 몇 가지 이유에서 다른 민족보다 신에게 먼저 선택되었음을 보여 주고자 한다"(66쪽).

그렇다면 성서에 나오는 대로 이스라엘인들에게 율법을 지키라고 권고하면서 신 스스로 다른 민족보다 그들을 선택했다(『신명기』 10장 15절)든가, 신은 그들은 가까이하지만 다른 민족은 가까이하지 않으며(『신명기』 4장 7절), 오직 그들을 위해서만 정의로운 율법을 제정했다(『신명기』 4장 8절)거나, 신은 다른 민족보다 오로지 그들에게만 자신을 알렸다(『신명기』 4장 32절)고 말하는 것은 어떤 맥락에서인가? 이것은 바로 진정한 행복을 알지 못하는 청취자들, 곧 이스라엘 보통 사람들의 이해 수준에 맞춰진 것이다(65쪽). 이에 대해 모세 또한 마찬가지로 증언한 적이 있다(『신명기』 4장 6, 7절).

물론 모세가 단지 이스라엘인들의 이해력 수준에 비추어 말했다고 해서 신이 모세의 율법을 오직 그 민족을 위해 제정했고 다른 어떤 민족에게도 일어나지 않은 놀라운 일을 이스라엘인들이 목격했다는 점을 부인하는 것은 아니다.

다만, 모세는 이스라엘인들의 유치한 이해능력에 강력히 호소할 수 있는 논증 방식을 통해서 그들의 신을 숭배하도록 했고, 같은 방법으로 이스라엘인들을 가르치기를 원했다는 점을 강조하고자 했다. 그렇다면 어떤 점에서 이스라엘인들은 신에게 선택되었다고 할 수 있는가? 이 문제를 증명하기 위해 스피노자는 신의 지도direction, 신의 내적/외적 도움help 그리고 행운fortune의 의미가 무엇인지를 설명한다.

신의 지도를 스피노자는 고정 불변의 자연질서를 의미하는 것으로 간주한다. 신의 지도는 또한 신의 영원한 명령에 다름 아니다. 만물이 자연법칙에 따라 발생한다는 주장과 만물이 신의 명령과 의사에 따라 결정된다고 말하는 것은 사실상 같은 얘기다. 자연의 힘은 신의 힘에 다름 아니며 이것에 의해 만물은 생성되고 결정된다. 그 누구든지 자연의 일부로서 자신의 존재를 보존하기 위해 자연이 그에게 제공하는 것은 인간본성을 통해 작용하거나 외부 환경을 통해 작용하는 신의 힘에 의해서만 주어졌다고 할 수 있다. 이로부터 인간이 자기 존재를 보존하기 위해 오직 자기자신의 힘에 의해 초래할 수 있는 것은 "신의 내적 도움"으로 그리고 외적 원인에 의해 인간의 이익을 증대시키는 것은 "신의 외적 도움"으로 불릴 수 있다. 이때, 행운이란 바로 신의 외적 도움과 관련된 것이다. 행운은 외적이고 예상치 못한 방법을 통해 신이 인간의 삶을 방향지우는 한에서 신의 명령을 의미한다(66~67쪽).

신의 내적 도움과 외적 도움의 구분을 통해 스피노자는 유대 민족의 선택이라는 사상이 지닌 의미에 대해 분석한다. 그들은 신 또는 '자연'의 선택을 받았다. 그러나 스피노자는 이것을 전적으로 역사적인 주장으로 축소시킨다. 그는 선민의식에서 도덕적이거나 신학적 중요성을 제거하며, 그것을 섭리하는 신에 의한 계획적이며 의도적인 행동, 곧 내적 도움으로 보지 않는다. 고대 이스라엘인들은 다른 민족보다 상대적 우월했으며, 두 가지 세속적 측면에서 신의 선택을 받았다. 지정학적 행운과 통치조직인 국가가 바로 그것이다. 한편으로 그들은 단순히 운이 좋았다. 오랫동안 유대 민족은 그들의 특별한 덕을 통하지 않고, '신 또는 자연'의 외적 도움으로 혜택을 입었다.

"피상적으로 살펴본다 하더라도, 이스라엘인들이 다른 민족을 넘어설 수 있었던 유일한 이유는 통치문제와 함께 신의 외적 도움에 의해 재난을 극복하는 문제와 연관해서만 성공적 능력을 보였다는 사실뿐이었음을 알 수 있다. 기타 문제에서는 다른 민족과 별 차이가 없었다. 한마디로, 신은 모두에게 똑같이 은총을 베풀었다고 할 수 있다"(69쪽).

이스라엘 백성은 신에 의해 '선택'되었다. 행운이 그들에게 미소 지었기 때문이다. 이집트에서 탈출한 이후 그들이 대면한 적은 일반적으로 그들보다 약했을 것이다. 혹은 기후가 그들이 농사를 짓는 데 적합했을 것이다. 이러저러한 유리한 환경들 덕분에, 이스라엘 사회는 번성했다. 그들은 번영을 누렸으며, 적을 격퇴했다. 다른 한편으로, 이스라엘 백성은 자신들의 번영이 신의 내적 도움에 힘입어 그렇게 된 것이라고 믿었다. 그들은 자신의 율법이 신에게서 비롯된 것이라 생각했으며, 그래서 모세가 제정한 율법에 복종하고자 했다. 자연스럽게 사회는 질서가 잡혔고 독립정부를 오랫동안 유지할 수 있었다. '선택'의 과정은 초자연적인 개입을 요구하지 않는다. 단지 정치적, 윤리적으로 유능한 지도자들이 있고, 광범위하게 법을 준수하면 된다. 어떤 집단이 지혜로우며 실용적인 법을 제정했으며, 그것에 따라 살아간다면, 그 결과는 자연적으로 독립적이며 안전하고 번창하는 정치체제일 것이다.

"이스라엘 민족은 그들의 지혜나 정신적 자질 때문이 아니라 특정 사회 조직에 의해 선택받은 것이다. 특정한 사회조직 덕에 그들은 우월성을 획득하고 우월적 지위를 오랫동안 유지할 수 있었다 … 따라서 그들의 선택과 소명은 오로지 유대인 고유의 독자적 법령의 이점과 그것의 일시적 성공에 놓여 있었다고 할 수 있다 … 율법은 그들이 그것에 복종하는 대가로 국가라는 정치공동체에 지복과 물질적 이점을 제공하는 데 반해서 불복종과 맹약의 위반은 국가의 몰락과 가혹한 시련을 야기했을 일이다"(69~70쪽).

신에 의한 유대인 선택은 제한적이며 조건부적인 것이다. 그 집단에만 적용되며 제한된 시기에만 정당성을 지녔다. "이스라엘인들은 오직 그들의 사회 조직과 정부의 측면에서만 선택되었기에 사회 조직과 정부와는 별도로 개개 유대인들의 경우, 다른 이방 민족 이상으로 신으로부터 우월한 재능을 부여받지는 않았고, 그래서 그들과 이방 민족 사이에는 아무런 차이가 없다고 결론 내릴 수 있다"(73쪽). 고대 이스라엘 국가가 이제 오래 전에 사라졌기 때문에, 그들의 구별은 이미 끝에 다다랐다. 그들의 선민의식을 이루었던 환경에 따른 운과 그들이 만들어 낸 정치적 번영은 끝났다. "요즘에는 다른 민족에게는 없고 유대인만 지녔다고 칭송할 만한 장점이 전혀 없다"(81쪽). 덕성, 참된 행복, 그리고 구원의 측면에서, 유대인에게 특별한 그 어떤 것도 없으며, 없었으며, 앞으로도 없을 것이다.

"유대인들이 이런저런 이유에서 신에 의해 영원히 선택되었다고 주장하기를 누구든 원한다면, 신의 선택이 일시적이든 영원하든 간에 상관없이 유대인들에게 고유의 것인 한에서 그것은 오직 정치적 주권과 물질적 이점 —왜냐하면, 이것에 의해서만 한 민족과 다른 민족은 구분될 수 있기 때문이

다― 과 관련되어 있었다는 사실을 인정하기만 하면 그뿐이
다"(83쪽).

이스라엘인들이 만든 유대 국가가 신의 내적 도움이나
이스라엘인들의 종교적 경건 내지 유덕한 자질에 의존하지
않았다면, 무엇에 의존하여 안정적 통치가 이뤄졌는가 하
는 물음을 던질 수 있다. 이것은 바로 예언자이자 정치지도
자인 모세가 제정한 율법과 강도 높은 종교의례와 제식, 곧
종교의식에 힘입은 바 크다. 그리고 바로 여기에 고대 이스
라엘 국가의 흥망과 유대종교의 비밀이 숨겨져 있다. 이제
종교적 의식의 준수가 어떤 이유에서 그리고 어떻게 고대
이스라엘 국가를 보존하고 강화하는 데 기여했는가를 보여
주는 일만 남았다.

  이스라엘 민족을 이집트의 노예상태로부터 탈출시킨 모
세는 대단히 현실적인 이유에서 율법을 제정했다. 모세의
현실적인 목적이란, 독립적인 정치사회를 만들고 그의 백
성이 복종하게 하는 것이었다. 이집트의 노예 상태로부터
이스라엘인들을 인도해 내면서, 모세는 사실상 그 민족을

하나의 국가로 연합시키는 출발선에서 일을 해야 했다. 당시 해방된 이스라엘인들은 스피노자와 그 시대의 다른 정치철학자들이 "자연상태"로 불렀던 것과 크게 다르지 않았다. 그들은 영지에 속한 시민도 아니었고, 정치권력에 종속되어 있지도 않았다. 또한 특정 국가의 법에도 묶여 있지 않았기 때문에, 그들은 자신이 원하는 방식으로 스스로를 조직할 자유가 있었다.

"유대인들이 이집트에서 처음 탈출했을 때는 어떤 민족의 법에도 더 이상 구속될 필요가 없었다. 따라서 자신이 원하는 새로운 법을 자유롭게 인가하거나 새로운 법령을 제정하거나 아니면 원하는 곳 어디에서건 자유로이 국가를 설립하고 원하는 곳 어디라도 영토를 차지할 수 있었다. 그러나 현명한 법적 체계를 세우고 통치권을 공동체 전체의 수중에 두는 일은 그들에게는 적합하지 않았다. 그들은 대개 교육받지 못했으며 비참한 예속상태에 있었기 때문이다. 그러므로 주권은 오직 한 사람, 즉 그를 제외한 모든 사람을 다스릴 수 있고, 대중을 제어할 수 있으며, 법을 제정하고 해석할 수 있는 한 사람의 수중에 놓여야 했다"(109쪽).

    통치권은 신의 의사의 해석자이자 신의 명령의 대행자로 알려진 모세에게로 즉각 이양되었다. 그는 "신성한 권력을 장악하는 데 있어 모든 사람을 능가하는 자"(109쪽)로 인식되었다. 그리고 통치권을 장악한 후에 모세는 신적 힘에 비견될 만한 비범한 능력으로 자신이 이끌었던 대중에 질서와 결속력을 부여하는 법적 체계를 세우고 그것을 선포했다. 그렇게 하면서도 대중이 공포 때문이 아니라 자발적으로 법을 준수토록 하기 위해 노심초사했다. 특히나 강제만으로는 통치할 수 없는 유대민족의 고집 센 성격이 더욱더 그를 힘들게 했고, 다른 한편으로 임박한 전쟁이 모세가 그렇게 한 또 다른 이유였다. 모세는 구성원들의 두려움이 아니라 신앙과 헌신으로 말미암아 기꺼이 법에 복종하는 사회가 더 안정적이고 힘이 있다는 것을 깨달았다. 그래서 모세는 자신이 제정한 법이 실제로 신으로부터 온 것이며 국가 자체는 신성한 구속력을 가지고 있다고 이스라엘인들을 설득했다.

"전쟁에서 이기려면 병사들을 처벌의 위협으로 공포에 떨게 하기보다는 승리를 통해 영광을 갈망하도록 용기를 북돋워 줘야 한다. 이럴 때야만 비로소 병사 개개인이 단지 처벌을 피하기 위해서가 아니라 용맹과 불굴의 용기로 무공을 세우기 위해 전력을 다해 싸울 것이다. 한마디로, 모세는 신적 명령과 자신의 덕성으로 종교를 도입했다. 이 과정을 통해 민중은 두려움보다는 헌신으로 맡은바 본분을 다하게 되었다. 게다가, 그는 물질적 이득으로 인민을 결속시켰으며 그들에게 장차 많은 혜택이 따를 것임을 예언했다. 누구나 알 수 있듯이 모세가 제정한 법은 과도하게 엄하지 않았다. 특히나 피고에게 유죄 판결을 하는 데 필요한 세부사항 숫자를 고려한다면 더더욱 그렇다고 할 수 있다"(110쪽).


모세는 유대 국가의 법을 신의 명령과 동일시했으며, 그 것으로 국가종교를 만들었다. 국가에 복종하는 것이 신에 복종하는 것이었으며, 심지어 가장 일상적인 행동에도 종교적인 의미를 불어넣었다. 종교적 율법과 국가적 법령은 모세의 손에서 하나로 통합되었다. 성서 도처에서 드러나

듯이, 이스라엘인들이 유례없이 다스리기 힘든, 고집 세고 완고한 민족이라는 점에서 종교적 규율과 의식을 통한 복종의 강제는 더더욱 필요했다. 이러한 이유에서 모세는 유대민족을 통치자에게 완전히 종속시키기 위해 오랜 세월 노예로 살아온 이스라엘 민족이 자유롭게 선택할 여지를 조금도 남겨두지 않았다.

"인민은 무슨 일을 하더라도 법을 상기하고 명령에 따르도록 요청되었다. 그들의 행위는 오직 통치자의 의지에 좌우되었다. 쟁기질은 물론 자유롭게 씨 뿌리고 추수하는 일도 허용되지 않았으며, 심지어 자유롭게 먹는 일조차 허용되지 않았다. 법에 규정된 명령을 따르지 않고서는 유대인들은 옷 입고 이발하고 면도하고 나아가 흥겹게 노는 일 등 그들이 좋아하는 일은 사실상 아무것도 할 수 없었다. 이것이 다가 아니었다. 사람들은 자기 집의 문설주뿐만 아니라 자신의 손 및 미간에다가도 영원한 복종의 의무를 끊임없이 일깨워 주는 증표를 해야만 했다"(110쪽).

이것이 유대교의 율법과 제의 준수의 역사적 기원이다. 제의, 곧 종교적 의식은 단일한 역사적 배경 아래 모세에 의해 제정되었으며, 특별한 정치적 목적을 띠고 있었다. 성서에 나오는 수많은 명령이 제의적인 관습과 종파적 종교 의식에만 관계되어 있기 때문에, 제한된 범위와 정당성만을 취한다. 모든 사람에게 보편적 정당성이 있는 참된 신성한 법과 달리, 유대교의 종교적 의식과 관련된 율법은 특별한 것이며, 특정 민족, 곧 고대 이스라엘인들에게만 유효했다. 그 법은 역사의 한정한 시기에 그들의 상황에 적용된 것이다. 그래서 스피노자는 모세의 제의적 율법은 "행복에 어떤 보탬도 되지 않으며" 고대 이스라엘 국가의 정치적, 경제적 안녕에만 관여했다고 결론짓는다.

"종교 의식의 준수는 국가의 일시적 번영에만 관련하며 신의 은총을 받는 일에 아무런 도움을 주지 않는다는 사실 역시 성서를 통해 분명히 알 수 있다. 왜냐하면, 종교의식의 준수에 대해서는 물질적 이익과 쾌락 외에 어떤 것도 약속되지 않는 반면, 행복은 오직 보편적 신법을 준수함으로써만 기약

되기 때문이다"(102~103쪽).


이스라엘 국가의 종말, 특히 서기 70년 예루살렘 성전의 마지막 멸망과 더불어 모세의 율법은 존재 이유를 상실했다. 자신의 나라가 없었던 포로기 때, 유대인은 율법을 지킬 의무뿐 아니라 이유조차 없었다. 그들이 정당하게 복종해야 하는 유일한 법은 그들이 살고 있는 국가의 법이었으며, 참된 행복으로 가는 길을 명령하는 자연법이었다. 스피노자에 따르면, 신이 이스라엘인들을 위해 베풀어 준 은총은 단지 특정 지역에 그들이 안전하고 행복하게 살 수 있는 영토를 정해 주었다는 사실 말고는 다른 어떤 이유도 없었다(16쪽).

신이 모세에게 계시한 법은 단지 고대 이스라엘 국가만의 법에 불과하며, 오직 이스라엘인들에게만 구속력이 있었을 뿐이다. 그리고 국가가 존속하지 못했을 경우에 이스라엘인들에게조차 영향력을 상실했다. "왕국이 몰락한 뒤에는 유대인들이 고유한 종교의식을 준수할 필요가 없음을 예레미야는 잘 보여 준다 … 유대인들은 국가가 존재하기 이전과 마찬가지로, 국가가 멸망한 후에는 더 이상 모세의 율법에 구속받지 않았음이 분명하다. 그들이 이집트를 탈출하기 이전, 즉 다른 민족과 함께 살고 있을 당시에는 자연법을 넘어서는 그들만의 특별한 율법을 지니지 않았다"(105~106쪽). 모세가 명령의 형식으로 율법을 제정하기 이전처럼 말이다. 스피노자의 관점에서 보았을 때, 이스라엘 국가가 로마에 의해 자취를 감춘 서기 70년 이후의 모든 유대인들에게 성서에 나오는 유대인의 율법은 준수할 필요가 없는 시대착오적인 것으로 이미 폐기된 것이었다.

## 3. 진정한 종교의 토대로서의 신법

스피노자는 특정 역사적 시기, 특정 상황 아래서만 유효했던 이스라엘인들의 율법이 아니라 성서에서 표현되는 보편적 원리가 있다고 믿는다. 보편적 원리는 주관적 혹은 상대주의적으로 읽어서 얻어지는 것이 아니며, 적절한 방법을 사용해 성서로부터 얻을 수 있는 객관적 의미, 곧 신성한 법을 구성하는 내용이다. 그래서 우리는 성서의 역사에서 가장 보편적이며 성서 전체의 기초와 토대를 이루는 원리를 찾아내야 한다.

"사실상 이것은 성서 속의 예언자에게서 영속적이며 모든 사람에게 가장 유익한 교리로 추천된 내용이다. 예를 들어, 신은 하나이며 전능하고 오직 그만을 숭배해야 한다는 것, 신은 모든 사람을 돌보며 자신을 경배하고 이웃을 자기 자신과 같이 사랑하는 사람을 특히 사랑한다는 것 등이 여기에 해당한다고 할 수 있다. 이러한 교리에 대해 성서 곳곳에서 너무나 분명하게 가르치고 있기 때문에 그것이 지닌 의미와 관련해서는 누구도 문제 제기하지 않을 것이다"(151쪽).

실재로, 성서의 참된 권위, 진정한 신적 권위는 오직 도덕적인 내용에만 존재한다.

"어떤 선입견도 없이 성서에서 신의 기원에 대해 알고 싶다면 오직 성서만이 그 자체의 권위에 기반하여 진정한 도덕적 교훈을 가르치고 있다는 사실을 증명해야 한다. 왜냐하면,

그 방법만이 유일하게 성서의 신성한 성격을 보여 줄 수 있
기 때문이다"(146쪽).

그 무엇을 거룩하게 만드는 것은 그 기원이 신의 행위 속
에 있기 때문은 아니다. 이는 특히 스피노자의 경우에 해당
한다. 그는 신과 자연을 동일시하면서 모든 것은 신에게 원
인이 있다고 말한다. 무엇인가가 사람들을 정의와 자비에
따라 행동하도록 한다면, 그것이 사람들로 하여금 신과 자
신들의 이웃을 사랑하도록 한다면, 그 무엇이든지 간에 거
룩하다. "어떤 사물이 종교적 경건함을 고무할 수 있을 때
그것은 신성하다고 불린다"(244쪽). 즉 그것이 경건한 행위
와 연결되어 있는 한에서 말이다.

스피노자에게 있어서 참된 종교의 핵심은 사람이 만든
제의적 율법이 아니라 신성한 법, 곧 신법에 복종하는 것
이다. 인간의 법은 사람들이 "생명과 국가를" 지키기 위해
해야 하는 것, 즉 다른 사람들로부터 자신과 자신의 재산
을 보호하고 국가의 안녕을 보장하기 위해 해야 하는 것을
규정하기 위한 수단이다. 반면에 신법은 사람들이 "최고의

선", 즉 육체적, 사회적, 정치적 존재로서가 아니라 이성적, 도덕적 존재로서 사람들의 유익에 가장 좋은 것을 얻기 위해 해야 하는 것을 규정한다. 그 법이 명령하는 것은 적어도 얼핏 보기에는 매우 간단하다. 신을 알고 사랑하며, 이웃을 자신처럼 사랑하면 되기 때문이다.

신법은 오직 최고선, 즉 신에 대한 참된 지식 및 사랑과 관련된다. 이 법을 신법이라고 부르는 이유는 최고선이 지닌 본성 때문이다(87쪽). 신에 대한 지식과 사랑이야말로 최고선과 행복의 요체다. 따라서 인간의 행동이 이러한 목적을 달성하는 데 필요한 수단은 신의 명령이라고 할 수 있다. 그것은 우리 마음속에 신이 존재하는 정도에 따라 신 자신에게서 나온 것이기 더욱 그렇다. 따라서 이 목적과 관련된 삶의 계획은 신법으로 충분히 불릴 수 있다(88쪽).

신에 대한 사랑이 인간 최고의 행복이자 모든 인간 행위의 궁극적 목적이기에 오직 신법에 따라 산다는 것은 처벌의 두려움이나 육체적 쾌락, 명성 등과 같은 다른 어떤 것에 대한 갈망에 의해서가 아니라 단지 그가 신에 대한 지식을 가지고 있다든가 신에 대한 지식과 사랑이 최고선이라는 것을 인식한다는 사실 자체로부터 신을 사랑하는 것이라고 할 수 있다. 신법의 핵심내용은 신을 최고의 선으로 사랑하라는 것이다. 어떤 고통이나 형벌의 두려움 혹은 그로부터 쾌락을 얻길 바라는 다른 어떤 목적에 대한 사랑으로부터가 아니라 말이다(89쪽).

스피노자는 신법에 대한 일반적 규정을 통해 신이 최고선이며 신에 대한 지식과 사랑이 우리의 모든 행위가 지향해야 할 궁극 목표라는 사실을 알 수 있다고 말한다. 그런데 실상은 생각만큼 간단치 않다. 만일 스피노자가 종교적 관심사에서 출발했다면, 최고의 선으로 신을 사랑하라는 전통적 의미에서의 신학적 요청에 머물렀을 것이다. 하지만 신학적 맥락에서 성서를 해석하는 작업은 애당초 스피노자의 내적 관심사가 아니었다. 같은 이유에서, 그는 종교를 가치 있는 인간욕구의 대상에도 포함시키지 않았다. 사실 스피노자의 진정한 관심은 신법과 자연, 신법과 인간지성을 연결시켜 이 문제를 철학적, 과학적 토대에서 완전히 새롭게 접근하는 것이었다.

신에 대한 관점의 대전환, 다시 말해서 신을 종교적 관점이 아닌 과학적 관점에서 해석하려는 스피노자의 구상은 신의 지도를 고정 불변의 자연질서와 동일하게 이해할 때부터 이미 예정된 것이나 다름없었다. 왜냐하면, 만물이 존재하고 결정되는 것은 자연의 보편법칙에 의거하며 그것은 언제나 영원한 진리 필연성을 포함하기 때문이다. "나는 이것이 신의 영원한 명령에 다름 아님을 이전에 다른 곳에서 밝힌 바 있다. 그러므로 만물이 자연법칙에 따라 발생한다고 주장하는 것과 만물이 신의 명령과 의사에 따라 결정된다고 말하는 것은 사실상 같은 주장이다"(67쪽).

종교 혹은 신학적 인식체계에서 벗어나 과학적 지성에 대한 갈증을 해소하고자 했던 스피노자의 굳은 의지는 감춰지거나 억누를 수 없었다. 이로 인해서 그는 유대인 공동체로부터 파문을 감수해야만 했고, 스피노자는 이를 기꺼이 받아들였다.


"경험이 나에게, 일상생활에서 자주 생기는 모든 것들은 공허하고 무익하다는 것을 가르쳐 준 후 나는 다음과 같은 사실을 알았다. 즉 나의 두려움의 근원이며 또 내가 두려워하는 모든 것들은 마음이 그것들에 의해서 움직여지는 한 그 모든 것들 안에 선한 것과 악한 것들을 소유한다는 것이다. 그렇기 때문에 나는 결국, 그 자체로써 의사소통이 가능하며 여타의 모든 것들을 제외하고 오로지 마음에 영향을 미칠 수 있는 어떤 것이 존재하는지의 여부를, 그리고 내가 그것을 발견하고 획득하면 지속적인 최고의 기쁨을 영원히 향유할 어떤 것이 존재하는지의 여부를 탐구하기로 결심하였다"(스피노자, 2015: 15쪽).

신법은 단순히 성서해석을 통해 알 수 있는 단순한 교리, 대표적으로 "너희 이웃을 사랑하라"와 같은 신의 명령과 의사뿐만 아니라 자연법과 자연지식을 포함한다. 왜냐하면, 우리가 자연적 이성의 빛에 의해 획득하는 지식은 신에 관한 지식과 신의 영원한 율법에 관한 우리의 지식에 의존하기 때문이다. 스피노자가 보기에, 자연지식에 포함된 확실성 그리고 그것이 유래하는 원천인 신과 관련해서 보았을 때조차 자연지식은 예언적 지식에 조금도 뒤지지 않는다.

"자연지식 역시 다른 무엇만큼이나 신성하다고 불릴 만하다. 우리가 그것을 공유하고 있는 한에서 신의 본성과 신의 율법은 자연지식을 우리에게 명하기 때문이다. 이러한 측면에선, 자연지식은 일반적으로 신성한 지식이라고 불리는 것과 아무런 차이가 없다. 다만, 신이 부여한 신적 지식이 자연지식의 범위를 넘어서고 인간본성의 법칙에 의해 설명할 수 없다는 점을 제외하곤 말이다"(22~23쪽).

신법에 예언적 지식과 자연적 지식을 포함시킴으로 해서 이제 이성에 대한 이해 역시 달라져야 한다. 성서를 해석할 때의 종교적 이성과 자연지식을 연구할 때의 과학적 이성이 바로 그것이다. 종교적 이성은 오직 성서 내에서만 작동한다. 왜냐하면 성서해석의 목적이 신에 대한 사랑과 믿음을 강화시켜 주는 것 이상도 이하도 아니기 때문이다. 요컨대, 성서는 인간이 올바르게 살아가는 데 무엇이 필요한가와 같은 단순한 교리를 가르치고 있다(255쪽). 우리는 기적을 사례로 이 주장을 입증할 수 있다.

스피노자는 신앙에 대해 올바로 알기 위해서는 성서가

예언자뿐만 아니라 불안정하고 변덕스러운 유대인의 지적 수준에도 맞춰져야 했음을 이해하는 것이 반드시 필요하다고 말한다(264쪽). 이에 따라 성서에서 대중의 이해에 맞춰진 내용이 어떤 것인가를 정확히 정의하는 작업이 필요한데, 그 대표적 예가 바로 기적이다. 예외적이고 비범한 자연현상을 대중은 '기적'이라고 한다(119쪽). 그 이유는 대중들은 자연에 관한 그들의 평소 생각과 어긋나는 기이한 사건이 발생했을 경우, 특히 그 사건이 그들에게 이익이 되거나 유리한 경우에는 신의 권능 및 섭리가 분명하게 드러났다고 생각하기 때문이다. 한마디로, 그들은 자연이 본연의 질서에서 벗어날 때 신의 실존에 관한 가장 명백한 증거라고 생각하는 것이다(118쪽).

스피노자가 보기에, 기적에 대한 이러한 생각은 단지 신을 숭배할 뿐이며 모든 사물에게서 자연적 원인을 제거한 채로 예정된 경로, 즉 섭리를 따라 특정한 자연현상이 발생한다고 믿는 것과 다르지 않다. 대중은 신의 힘이 자연의 힘을 압도했다고 생각할 때에만 신의 힘에 대한 경외심을 느낀다. 이러한 생각은 초기 유대인에게서 비롯되었던 것으로 여겨진다.

"유대인들은 이방 민족의 경우 눈으로 직접 볼 수 있는 자연 대상, 즉 해, 달, 지구, 물, 공기 등을 신격화하여 숭배했다고 간주했다. 자연물에서 취해진 신은 허약하고 가변적일 따름 이라는 신념을 뒷받침하기 위해 유대인은 자신이 어떻게 눈에 보이지 않는 신의 수호 아래 있는지에 대해 말했고 기적에 대해 얘기했다. 나아가, 그들이 숭배하는 신이 오직 유대 인들에게만 은총을 베풀기 위해 그런 식으로 자연을 배치해 놓았다는 것을 입증하기 위해 무척이나 노력했다. 시간이 흐른 뒤에도 이러한 발상은 대중의 마음을 워낙 만족시키기는 것이었기에 그들은 오늘날에도 계속해서 기적을 상상한다. 기적에 대한 상상을 통해서 사람들은 자신이 신에게 사랑받고 있다고 믿으며, 최후의 원인을 신이 창조했고 신이 모든 사물을 관장한다고 믿는다"(119~120쪽).

하지만 자연에서는 보편적 자연법칙을 위반하는 일이 발생할 수 없다. 아니, 모든 사건은 자연법칙과 일치하며,

그것으로부터 발생한다. 왜냐하면, 자연에서 일어나는 일은 그 무엇이든지 신의 의지 및 신의 영원한 의사에 의해서 발생하기 때문이다. 자연에서 일어나는 모든 사건은 영원 필연성과 진리를 포함하는 법칙과 규칙에 따라 그렇게 되는 것이다. 그러므로 모든 자연법칙과 규칙이 우리에게 알려지지는 않았다 하더라도, 자연은 영원한 필연성과 진리를 포함하는 법칙과 규칙을 항상 준수한다. 또한 그런 한에서 자연은 고정불변의 질서를 유지한다고 할 수 있다 (121~122쪽).

자연법칙에서 나오지 않는 것은 무엇이라도 자연에서 발생하지 않는다. 그리고 자연법칙은 신의 지성에 의해서 인식되는 모든 것을 포괄하며 자연은 고정되고 불변하는 질서를 준수한다는 사실로부터 기적은 오직 인간의 종교적 신념과 관련지어서만 이해할 수 있다는 결론이 나온다. 기적이란 그 원인을 여타의 다른 정상적 사건을 참고해서는 설명할 수 없는 종류의 사태를 의미할 뿐이라는 점은 대단히 명확하다. 이러한 이유로 스피노자는 기적을, 그것의 발생 원인을 자연적 이성에 의해선 설명할 수 없는 사건으로 정의하는 것이다(122쪽).

성서 그 자체를 놓고 본다 하더라도 기적이 신에 관한 참된 지식을 제공하지 않으며, 신의 섭리를 분명하게 가르치지도 않는다는 점을 분명히 보여 준다. 이집트인들을 속이고 이스라엘 사람들로 하여금 자신이 신이라는 것을 알도록 하기 위해서 스스로를 드러낼 수 있는 증표를 주었다는 「출애굽기」 10장 2절에서처럼, 신이 인간에게 자신을 알리기 위해서 기적을 행했다는 취지의 많은 성서 구절에 관해서 살펴본다면, 기적이 실제로 이러한 진리를 가르쳐 주었다는 게 아니라, 다만 유대인들이 기적을 쉽사리 확신하는 민족적 특성을 지녔다는 추론만이 가능할 뿐이다 (129~130쪽).

성서에 서술된 모든 사건이 자연적으로 발생했음이 분명함에도 성서는 그 원인을 모두 신에게로 돌린다. 가장 큰 이유는 특정사건을 자연적 원인을 통해 설명하는 게 성서의 목적이 아니었기 때문이다. 성서는 신에 대한 일종의 경외심을 촉발하여 대중의 마음속에 신앙을 가장 잘 주입할 수 있는 방식을 예상하면서 대중의 상상력에 가장 호소할 수 있는 이야기 구조를 사용한다. 그러므로 우리가 어떤 현상의 합리적 원인도 들 수 없고, 사실상 자연질서에 완전히 모순돼 보이는 사건을 성서에서 발견하더라도 놀랄 필요가 없다. 단지, 실제로 발생한 것이 그 무엇이든지 간에 자연스럽게 발생했다고 확고히 믿으면 그만이다(132쪽).

이로부터 우리는, 성서에서 실제 일어났다고 기술된 사건들은 모든 사물이 그러하듯이 실제로는 자연법칙에 따라 필연적으로 발생한 것이라는 결론을 절대적으로 확신할 수 있다. 어떤 용어는 자연질서에 반하는 것으로 입증할 수 있다거나 혹은 자연질서 안에서 추론할 수 없다는 식으로 성서에 적혀 있다고 한다면, 이는 필시 불경한 자의 손에 의해서 성서에 삽입된 것으로 믿어야 한다. 왜냐하면, 자연에 어긋나는 것은 무엇이든지 이성에 어긋나며 이성에 어긋나는 것은 무엇이든지 불합리하기 때문에 즉각 거부되어야 할 것이기 때문이다(134쪽).

지금까지의 내용을 요약하면, 자연법칙에 따라 필연적으로 발생하며, 그러한 과학적 시각에서 더 잘 설명될 수 있는 기적이 단지 인간의 무지로 인해서만 새로운 그 무엇,

곧 초자연적 현상으로 보이게 되었다는 사실이다. 그 이유는 경이로운 자연현상이나 기이한 증표에 대해서만 신에 대한 믿음을 기꺼이 강화하려 했던 대중의 눈높이에 성서가 맞춰져야 했기 때문이다. 그래서 스피노자는, 기적이 자연질서에 완전히 일치하여 발생하는 현상으로 설명할 수 있어야 하겠지만, 이러한 관점이 계시와 구원에 반드시 필요한 양 성서에서 가르치고 있는 것은 아니라고 말하는 것이다(142쪽).

성서가 종교적 구원을 목표로 하는 한 기적에 대해서는 모든 사람은 자신이 원하는 방식으로 이 주제에 대해서 자유롭게 생각할 수 있어야 한다. 나아가, 스스로 최상이라고 생각하는 것을 따르듯이 자유롭게 신을 숭배해야 하며, 이러한 방법을 통해 우리는 진정 종교에 가장 잘 다가갈 수 있다. 이는 또한 고대 이스라엘의 역사학자 조셉스가 『고대 유대민족사』 둘째 권에서 기적에 대해 내린 결론이기도 했다.

"사람들을 구하기 위해 바다가 갈라졌다는 이야기를 믿을 수 없다고 생각하는 사람이 없도록 하자. 신의 의지에 의해 그렇게 된 것이건 자연과정에 의해 이루어졌든 간에 상관없다. 중요한 것은 우리가 고대 기록 속에서 바다가 갈라졌다는 증거를 발견할 수 있다는 점이다. 같은 사건이 알렉산더가 다스리던 마케도니아에서도 한 번 발생한 적이 있다. 다른 이동로가 없게 되자 팜피리안 바다가 둘로 갈라져 알렉산더에 길을 터 주었다. 여기서 신의 섭리는 페르시아 제국을 파괴하는 도구로 알렉산더를 사용하는 것이었는데, 이것은 알렉산더의 행적을 기록했다고 여겨지는 모든 역사가에게 한결같이 인정받던 내용이었다. 결국 이 문제에 대해서는 사람들이 각자 만족하는 대로 마음껏 생각하도록 내버려 두는 게 좋다"(142쪽에서 재인용).

스피노자는 성서가 이성을 억제하지 않긴 하지만, 그 자체로 철학과 아무런 공통점이 없고 사실상 종교적 계시와 철학은 완전히 다른 지반 위에 서 있음을 굳게 확신하게 되었다고 말한다. 성서가 오직 종교적 신앙과 관련된 신법의 문제라면, 철학과 과학은 오직 인간지성에 의해서만 설명될 수 있는 자연질서 내지 자연법칙을 다루는 신법에 속하는 문제라는 관점을 제시하면서, 스피노자는 사실상 신법에서 종교적 신앙의 영역을 체계적으로 분리시키고 있다.

"우리의 모든 지식과 그리고 모든 가능한 의심을 떨쳐 버릴 수 있는 확실성은 오직 신적 지식에만 의존한다. 그 이유는 첫째로 신 없이는 어떤 것도 존재하거나 생각할 수 없기 때문이며, 둘째로 우리가 신에 관한 명석 판명한 관념을 가지지 않는 한 모든 것을 의심할 것이기 때문이다. 그러므로 우리의 최고선과 완전함은 오직 신적 지식에 의존한다고 할 수 있다"(87~88쪽).

신 없이는 그 무엇도 존재하거나 생각될 수 없기에 모든 자연현상은 그것의 본질과 완전함이 확장되는 것에 비례해서 신의 개념을 포함하고 표현한다. 그러므로 자연 현상에 대한 우리의 지식에 비례하여 더 많은 그리고 보다 완벽한 신적 지식을 얻는다고 할 수 있다. 바꿔 말하면, 원인을 통해 알 수 있는 어떤 결과에 대한 지식은 원인의 특수한 속성에 관한 지식에 다름 아니기 때문에 자연 현상에 관한 우리의 지식이 더 많아지면 많아질수록 만물의 원인이라 할수 있는 신의 본성에 관한 우리의 지식 역시 더욱더 완전하게 된다(88쪽).

그렇다면 신앙을 강화하는 예언과 같은 종교적 지식과 명석 판명한 지성에 의존하는 자연지식을 신법 안에 모두 포함시키면서 동시에 체계적으로 분리시킨 스피노자의 연구방법이 함의하는 실질적 내용은 무엇인가? 그것은 바로 스피노자에게 신앙과 과학이 딛고 있는 기반의 차이를 분명히 하면서도, 동시에 공존 가능성과 함께 공존의 의미를 묻는 것이다.

"모든 사람의 판단이 자유롭고, 자기의 양심이 명하는 대로 신을 모실 수 있으며 그리고 자유보다 더욱 소중하고 귀하게 평가되는 것이 없는 국가에서 살아가는 보기 드문 행운을 우리는 지금 지니고 있다. 따라서 나는 자유가 공공의 안녕을 훼손하지 않고 용인될 수 있을 뿐만 아니라, 이러한 자유 없이는 공공이익과 신앙심은 번성할 수 없다는 사실을 입증하는 작업이야말로 하잘것없거나 무익하다고 생각하지 않는다"(13쪽).

스피노자는 이제 신앙이 기반을 두는 근본 토대가 명확해졌다고 단언한다. 계시란 복종을 유일한 목표로 한다. 따라서 종교적 계시는 토대와 방법에서뿐만 아니라 그 목표에서도 자연지식과 전적으로 무관하다. 각자 상호 분리된 별개의 영역을 지니며, 따라서 둘 가운데 어느 것도 다른 하나의 부산물로 간주할 수 없다. 게다가, 인간의 사고방식에는 차이가 있어서 어떤 사람들은 특정 형태의 신념을 기꺼이 받아들이지만 다른 사람들은 그렇지 않다. 어떤 사람을 간절히 기도하도록 만드는 무엇이 다른 사람에게는 웃음거리가 될 수도 있다(17~18쪽).

스피노자가 자신의 진정한 관심사인 신의 본성을 자연법칙의 관점에서 파악하는 『에티카』 집필을 중단한 채, 그다지 내켜하지 않으면서도 긴급하게 계시나 예언, 기적과 같은 종교적 주제를 포함한 성서해석에 매달린 이유가 분명해졌다. 그것은 바로 종교와 철학의 근본적 차이를 분명히 하면서도 둘 사이의 숙명적 공존을 주장하기 위한 것이다. 이는 다른 말로, 민주주의의 토대를 묻는 것이며, 그 핵심에 자연권으로서의 표현의 자유가 있다.

"나는 지금까지 분석한 내용에 일치해서 다음과 같이 결론 내린다. 모든 사람에게 판단의 자유 그리고 자기 신앙의 기본적 교리를 자신이 합당하다고 생각하는 대로 해석할 수 있는 권리가 허용되어야 하며, 신앙은 어떤 외적 기준에 의해서가 아니라 오직 행위에 의해서만 판단되어야 한다는 것이다. 이럴 때야만 각각의 사람은 진정으로 신을 자유롭게 섬길 것이며, 이럴 때야만 비로소 정의와 사랑이 존중될 것이다"(18쪽).

# 4장
## 성서 읽기의 민주화:
### "종교 문제에서도 자유로운 사고라는
### 최고의 권리는 개인의 권한이다"

　『신학정치론』의 성서 해석방법을 한 줄로 요약하면, 성서 해석방법과 자연을 해석하는 방법은 같다는 것이다. 그렇다면 어떤 측면에서 동일한가? 자연의 역사를 연구하는 것이 자연을 해석하는 방법의 첫 걸음이듯이 마찬가지로 성서 해석은 성서 자체에 대한 연구에서 출발해야 한다. 여기서 핵심은 성서에서 반박 불가한 근본원리를 발견하고 이로부터 올바른 결론을 도출함으로써 성서를 쓴 사람의 의도를 정확히 파악하는 일이다. 이러한 연구방법을 따른다면 누구라도 실수할 위험을 줄이면서 연구 성과를 올릴 수 있을 것이다. 그렇게 하기 위해서는 성서를 해석하고 토론하는 데 있어서 성서 자체로부터 발견할 수 있는 내용을 제외하고는 그 밖에 어떤 원리도 인정하지 말아야 한다(145쪽).

하지만 방법론적으로 차이가 없다고 해서 분석의 결론이 같다는 말은 아니다. 오히려 그 반대이다. 성서에 대한 해석과 자연에 대한 해석은 대상의 차이로부터 도출되는 결론 역시 상당한 차이가 발생한다. 우리는 성서가 종종 이성에 의해 알려진 원리로부터는 이끌어 낼 수 없는 소재를 다루고 있다는 사실에 주목해야 한다. 왜냐하면, 성서는 주로 역사 이야기와 계시로 이루어져 있는데, 역사 이야기는 일반적으로 기적에 관한 이야기를 포함하고 있기 때문이다(145~146쪽).

"기이한 자연현상인 기적에 대한 성서의 언급은 그것을 기록했던 역사가의 신념과 판단에 따른 것이었으며, 계시 역시 예언자의 신념에 맞춰졌으며 인간의 이해력을 넘어선 것이었다. 그러므로 성서 내용과 관련된 모든 지식은, 자연에 관한 지식이 자연 자체에서 찾아져야 하듯이, 오직 성서를 통해 발견되어야 한다. 마찬가지로 성서에 담겨 있는 도덕적 교훈의 경우, 성서가 이러한 교훈을 의도적으로 가르치려 했다는 식으로는 증명할 수 없고, 오직 성서 그 자체로부터 우리 스스로 배울 수 있을 뿐이다"(146쪽).

이로부터 우리는 스피노자의 성서 이해방법과 성서가 어째서 신성한 문서로 불리는가에 대해서 보다 분명히 이해할 수 있다. 무엇보다도 성서는 자연과학서 내지 철학책이 아니라는 사실이다. 이는 예언자가 과학자나 자연의 빛을 추구하는 철학적 교사가 아니라는 말과 동일하다. 예언자의 진실성은 그들의 정신이 올바르고 선한 것을 향하고 있었다는 사실에 주로 의존했다. 따라서 예언을 무조건 신뢰한다기보다는 예언자가 올바르고 선한 자질을 가졌다는 사실을 먼저 증명해야 한다.

마찬가지로 기적 역시 그 자체로 신의 본성을 증명할 수는 없다. 성서를 자세히 보면 기적이 과학적으로는 어떤 근거도 갖지 못했을뿐더러 거짓 예언자에 의해서조차 행해질 수 있었기 때문이다. 그럼에도 우리가 기적 자체를 부정하지 않는 이유는 기적을 믿는 게 신에 대한 경건한 믿음과 종교적 신실함을 강화시켜 준다면 아무런 문제도 될 수 없기 때문이다. 성서가 지닌 신성함은 성서는 참된 덕목만을 가르친다는 사실로부터 증명되어야 하며, 우리의 결론 역시 성서 자체에 토대를 두어야 한다. 요컨대, 성서와 관련된 모든 지식은 오직 성서 안에서만 찾아져야 한다.

"성서는 자연이 하는 것과 다른 방식으로 사물에 대한 정의를 제공하지 않는다. 자연에 존재하는 사물의 정의는 자연의 다양한 작용으로부터 이끌어 내야 하듯이 성서에 나오는 사물의 정의는 성서에 나타난 특정 주제에 관한 다양한 이야기로부터 도출해야 한다. 성서 해석에서 가장 핵심적 규칙은 성서의 역사에 비추어 분명하게 이해할 수 없는 내용은 어떤 식으로든 권위 있는 진술로 받아들여서는 안 된다는 것이다"(147쪽).

스피노자는 이렇게 성서해석에 대한 일반적 원칙을 확정

한 후 성서를 대상으로 구체적인 분석 작업에 들어간다. 이 때 스피노자가 겨냥하는 잘못된 성서해석 방법은 크게 두 가지다. 하나는 성서는 신의 목소리를 담고 있는 그 자체로 신성한 문서라는 주장이다. 따라서 성서에 나오는 얘기는 더 뺄 것도 보탤 것도 없이 모든 구절은 진실되고 어떤 오류도 발견할 수 없다는 것이다. 이를 다른 말로 하면, 일종의 도그마주의라 하겠으며, 흔히 얘기되는 '축자영감설'이 대표적 예이다. 이와 정반대의 성서해석 방법이 바로 중세의 대표적 랍비신학자 마이모니데스 등이 주도한 성서에 대한 철학적 해석이다.

『신학정치론』서문에는 성서를 철학적으로 해석하는 사람들에 대한 신랄한 비판이 등장한다. 스피노자는 이들이 성서의 심오한 신비에 대해 지치고 않고 경이로움을 줄곧 표출해 왔다는 사실은 인정하지만, 그들이 아리스토텔레스주의나 플라톤주의의 공허한 사변 이상을 가르쳤다고 보지는 않는다고 주장한다. "그들은 기독교 정신에 대한 자신의 믿음을 구원하기 위해 성서를 이러한 종류의 헛된 사변과 일치시켜 놓았다. 아리스토텔레스나 플라톤과 같은 희랍

인을 빌려서 헛소리를 늘어놓는 데 만족할 수 없었던 그들은, 성서에 등장하는 예언자조차 덩달아 날조하기를 원했다"(15쪽).

중세의 신학자들 대부분은 성서에 대해 정통했을 뿐만 아니라 이에 더해서 플라톤이나 아리스토텔레스와 같은 그리스 철학자들의 사상을 받아들였다. 그 결과 이들은 그리스 형이상학에 근거하여 성서를 해석하는 방법을 발전시켰다. 이로부터 성서는 도덕적 경건성을 고양시키는 문서라기보다는 사변적이고 철학적 교리문답 책으로 돌변했다. 스피노자는 이러한 해석의 대표자로 마이모니데스를 지목한다.

스피노자는 마이모니데스가 성서에 대한 자신의 견해와는 아주 다른 입장을 취했다고 한다. "마이모니데스는 성서의 구절은 다양하거나 심지어 모순의 여지가 있다는 것, 그리고 해석에 의해 이성과 일치하지 않거나 이성에 반대되는 구절이 하나도 없다는 사실을 알지 못한다면 문장의 참된 의미를 결코 확신할 수 없다고 주장하기 때문이다"(167쪽). 이러한 방법으로 성서를 읽으면 대중들의 보통의 판단력만으로는 성서의 내용을 제대로 이해할 수 없으며, 그 결과 "성서의 실질적 의미 및 성서의 진정한 의도, 성서의 진실성 여부에 대해서 어떤 결론도 내릴 수 없고, 또 다른 외부적 힘의 도움을 요청해야 한다"(169쪽). 만일, 이 견해가 옳다고 한다면, 대부분 논리적 추리에 대해 전혀 모르거나 그것을 누릴 여가가 없는 대중은 성서를 이해하기 위해 철학자의 권위와 진술에만 의지해야 할 것이며, 결국 철학자의 성서 해석에는 전혀 오류가 없다고 가정해야만 한다. 예언자의 설교의 의미를 제대로 파악하려면 내적인 철학적 원리에 대해서도 반드시 알아야 한다는 게 마이모니데스의 핵심 주장이기 때문이다(169쪽).

스피노자에 따르면, 이러한 상황은 당연하게도 새로운 교회의 권위와 함께 완전히 새로운 형태의 사제와 교황을 만들어 낼 것이며, 그 결과 존경보다는 조롱과 경멸을 불러일으키기 쉽다(169쪽). 이와 달리 스피노자가 제시한 성서해석 방법은 대중이 성서 주석가의 고증을 따를 것을 요구하지 않는다. 그래서 그는 예언자와 사도의 언어에는 친숙했으나 교육은 제대로 받지 못한 일군의 사람들을 성서에 적합한 청중으로 적시했다.

스피노자가 제시한 성서해석 방법은 사실상 '성서 해석의 민주화'라 불릴 만하다. 스피노자 시대나 우리 시대의 대중에 대해 말하자면 내적 근거에 대해서는 알지 못하더라도 구원에 필요한 것은 무엇이든 어떤 언어로도 쉽게 파악할 수 있기 때문이다. 성서는 일상적이고 친숙한 용어로 표현되어 있다. 대중에게 용인되는 것은 이러한 종류의 이해이지 성서 주석가의 고증이 아니다. 성서의 나머지 부분은 배운 자나 그렇지 못한 자나 대부분 비슷하게 살아간다는 게 스피노자의 확고한 생각이다(170쪽).

이에 반해서 마이모니데스는 예언자가 모든 문제에 관해서 의견이 일치했으며, 그들은 뛰어난 철학자와 신학자였다고 가정한다. 그 이유는 예언자가 결론을 내릴 때 절대적 진리에 토대를 두었기 때문이라는 것이다. 그는 성서의 의미가 성서 그 자체로부터는 확신할 수 없다고 한다. 사물의 진리는 성서 자체로부터 확증되지 않는다. 왜냐하면, 성서는 증명 그 자체에는 관여하지 않으며, 철학적 정의와 제1원인을 통해 설명될 수 있는 사물에 대해 가르치는 바가 없기 때문이다. 그러므로 마이모니데스에 따르면, 성서의 참된 의미는 성서 자체로부터 확증할 수 없으며, 그곳에서 찾아져서도 안 된다는 것이다.

결과적으로 마이모니데스의 성서해석론은 해석자의 철학적 선입견에 따라 성서의 단어를 설명하고 왜곡하며, 그 의미가 명백할 때조차 문자 그대로의 의미를 변경하거나 심지어 정반대로 설명할 수 있다고 주장하는 것과 같다(170쪽). 이에 반해서 스피노자는 성서와 같이 본성에서 이해가 쉬운 얘기는 문맥만 가지고도 의미를 쉽게 설명할 수 있다고 말한다. 따라서 마이모니데스의 방법은 별반 유용하지 않으며, 무엇보다도 대중이 성서를 정독하는 것으로부터 습득할 수 있거나 여타 방법으로 얻을 수 있는 확신을 제거해 버린다(171쪽).

스피노자는 민주주의적 성서해석이라 부를 만한 자신의 고유한 방법을 정치적 해석으로 전환한다. 이에 따르면, 종교는 외부로 드러나는 행동이 아니라 정직하고 성실한 마음에 있기 때문에 그것은 법과 권위의 영역 밖에 있다. 정직하고 성실한 마음은 법적 강제나 국가의 권위에 의해 산출되지 않는다. 이 세상 누구도 법과 강제에 의해 행복에 이를 수 없다. 종교의 완성을 위해 필요한 수단은 경건하고 우애에 기반을 둔 타이름, 좋은 교육, 그리고 무엇보다 독립적 개인의 자유로운 판단이다.

"종교 문제에서도 자유로운 사고라는 최고의 권리는 개인의 권한이다. 이 권리를 포기하거나 양도한다는 것은 생각조차 할 수 없기 때문에 종교에 관한 한, 각각의 개인은 스스로 해석하고 설명할 수 있어야 하며, 따라서 자유로이 판단할 수 있는 최고 권리와 권위를 가지고 있어야 한다. 법을 해석하는 권한을 최고 권위에 부여하고 공무에 관한 최종 판단 및 결정을 행정장관 수중에 맡기는 이유는 그것이 공적 권리와 관련된 문제이기 때문이다. 이와 마찬가지로 종교를 설명하고 그것에 관해 판단하는 최고의 권위가 개인에게 부여되는 이유는 그것이 바로 개인의 권리의 문제이기 때문이다"(172쪽).

스피노자는 그 문제는 차라리 '각 개인의 판단의 자유를 세우는 것'이라 할 수 있다고 힘주어 말한다. 성서를 해석하는 최고 권위가 각각의 개인에 속함으로써 성서 해석의 원칙은 당연히 어떤 초자연적 빛이나 외적 권위가 아니라 만민에게 공통된 자연의 빛, 곧 이성이어야 하기 때문이다. 그 규칙은 학문적으로 숙련된 철학자만이 그것을 사용할 수 있을 정도로 어려워서도 안 된다. 이와는 반대로 인간의 평범한 능력과 역량을 기준으로 삼아야 한다는 게 스피노자가 제시하고자 했던 올바른 성서 해석방법이다(173쪽).

지금까지 우리는 『신학정치론』에서 나타난 성서해석의 일반적 방법론에 대해 살펴보았다. 이제부터는 이러한 일반적 방법론이 성서해석에 구체적으로 어떻게 적용되고 있는가를 사례를 들어 알아보도록 하겠다. 스피노자는 성서를 아무런 결함이 없다거나 논리적 일관성을 갖고 쓰여진 문서로 간주하지 않는다. 성서를 찬찬히 뜯어 보면 비일관성은 물론, 심지어 동일한 주제에 대해서도 상반된 해석이 등장하는 식의 모순이 발견된다. 하지만 스피노자는 이러한 결함이 성서의 신성함과 도덕적 올바름을 해치는 것이 아님을 분명히 한다. 왜냐하면, 성서를 통해 신은 최고로 정의롭고 자비롭다는 사실, 한마디로 참된 삶의 완전한 형식에 놓여 있음을 정확하게 진술하고 있다는 점을 확인할 수 있기 때문이다(261쪽). "신은 인간에게 신의 정의와 자비에 관련된 지식을 제외하고는 다른 어떤 지식도 요구하지 않는다. 이러한 지식은 과학적 엄밀함을 요하는 철학적 지식에 필요한 것이 아니라 도덕률에 대한 복종을 위해서만 필요한 것이다"(263쪽).

스피노자가 전통적 성서해석 방법에 의문을 품은 것은 대단히 오래전의 일이었다. 전례를 찾기 힘들 정도의 저주의 말로 일찍이 유대인 사회가 스피노자를 파문하고 추방했던 사건에 대한 우리의 궁금증이 풀릴 수 있는 단초가 『신학정치론』에 나와 있다. 스피노자는 "소년시절부터 성서에 관해 통상적으로 인정돼온 견해를 일방적으로 그리고 불가피하게 수용할 수밖에 없었지만, 내 주장을 표현하고자 하는 욕구를 한시도 억제할 수가 없었다"(203쪽)고 말한다. 그래서 도달한 그의 결론은 성서에 나오는 여러 이야기들의 저자를 이해하고 해석하는 데 있어 누구나 따를 수 있고 보편적으로 적용 가능한 일관된 원칙은 존재하지 않는다는 것이다. 이 가운데 스피노자 성서해석의 가장 대담한 측면이자 당시의 교회를 가장 분노케 한 대표적 사례로 〈모세오경〉의 실제 저자가 모세가 아니라 실제로는 훨씬 뒤에 등장한 아벤 에스라일 거라는 주장을 들 수 있다.

모르긴 몰라도 스피노자의 이러한 해석은 당시의 교회에 엄청난 파문을 던진 불경스런 주장이었음에 틀림없다. 왜냐하면, 〈모세오경〉의 저자는 흔히 모세로 알려져 왔고, 특히 유대교는 다른 어떤 견해도 이단으로 간주했을 정도로 이 주장을 확고히 옹호했기 때문이다(175쪽). 〈모세오경〉이란 『구약』의 처음 다섯 편, 곧 창세기·출애굽기·레위기·민수기·신명기 등 다섯 개의 경전을 말하는데, 스피노자에 따르면 이 경전의 원저자는 모세가 아니라 다른 사람이라는 것이다. 이를 위해 스피노자는 〈모세오경〉에 대한 과학적이고도 치밀한 분석을 통해 자신의 주장을 증명한다.

가장 먼저 지적할 수 있는 것은 모세가 살았던 시대와는 전혀 다른, 한마디로 후대에나 알 수 있는 지명이나 이야기 구조가 차용되고 있다는 점이다. 대표적으로 성서의 신명기 서두에는 "요단강 너머"와 같은 언급이 등장한다. 이에 대해 스피노자는 신명기 앞부분을 모세가 쓰지 않았을 것이라고 확신한다. 그 이유는 모세는 요단강을 건넌 적이 없기 때문이다(176쪽). 또한 「신명기」 31장 9절에는 "모세가 율법을 썼다"는 식의 3인칭 문구가 나온다. 이 말은 표현방식상 모세가 직접 쓰지 않았으며, 모세의 행적과 글을 다룬 다른 저자가 쓴 것임에 틀림없다(177쪽). 「창세기」 22장 14절에는 신의 산으로 불리는 모라Moriah산에 대한 언급이 나온다. 하지만 모라산을 신의 산이라고 한 것은 예루살렘에 성전이 건립된 이후에나 붙여진 것이다. 그 산을 신의 산으로 정한 결정은 모세가 살았던 시대에는 이루어지지 않았는데, 모세는 어떤 장소도 신에 의해 선택된 곳으로 적시하지 않았기 때문이다(178쪽).

사실 〈모세오경〉에서 이와 유사한 사례가 도처에서 발견된다. 가장 결정적인 증거는 문제가 되고 있는 〈모세오경〉에는 모세를 3인칭으로 놓고 이야기할 뿐 아니라 모세에 관한 많은 세부사항을 증언하고 있다는 사실에서 찾을 수 있다. 예를 들어, "모세는 신과 대화했다"든지, "주님과 모세는 대면해서 대화를 나누었다", "모세는 가장 겸손한 사람이다"(「민수기」 12장 3절), "모세는 군대의 대장에게 격노했다", "모세, 신의 사람", "주님의 하인 모세가 죽었다", "이스라엘에는 결코 모세와 같은 예언자는 나타나지 않았다" 등등. 이에 반해 모세가 율법을 민중에게 설명해 주면서 글로 적은 「신명기」 해당 부분에는 모세가 자신의 행위를 1인칭으로 선언한다. "주님께서 나에게 말씀하셨다"(「신명기」 2장 1절, 17절 등), "나는 주님께 기도드렸다" 등등(179쪽).

「신명기」 후반부에 접어들수록, 글쓴이는 모세의 말을 전한 후에 다시 이야기를 3인칭으로 풀어 간다. 이와 같은 방법으로 〈모세오경〉은 모세 자신이 직접 상세히 설명한 율법을 어떻게 글로 사람들에게 전달하며 그들을 타일렀는지 그리고 어떻게 그가 삶을 마감했는가를 언급하고 있다. 그래서 스피노자는 "이 모든 사항, 곧 말하는 방식이나 증언 내용, 역사 전체 얘기의 맥락 등을 고려했을 때, 〈모세오경〉은 모세가 아닌 다른 사람이 썼다고 명백히 결론 내릴 수 있다"고 주장하는 것이다(180쪽).

스피노자는 〈모세오경〉에 나오는 구절 하나하나에 대한

분석은 물론, 전체 이야기 구조에 주목하면서 이 책은 모세가 아니라 유대인의 고대사를 시작에서부터 예루살렘의 첫 번째 파괴에 이르기까지 쓰고자 했던 한 역사가의 저작이라는 사실을 쉽게 알 수 있을 것이라고 결론짓는다(186쪽). 『구약』의 이야기 구조와 전체 순서를 함께 고려해 보았을 때도 역시 어떤 정해진 목표를 염두에 둔 한 명의 역사가가 있었다. 결과적으로 〈모세오경〉의 모든 책은 모세의 율법과 언명을 전하고 그것을 이후 전개된 역사적 사건에 입각하여 입증하고자 하는 오직 하나의 목표만을 이끌어 낼 수 있도록 고안되어 있다(187~188쪽).

『신학정치론』은 '제8장, 〈모세오경〉과 『구약』에 나오는 역사서의 권위에 대하여'를 필두로 '제11장, 사도는 서한을 예언자의 자격으로 썼는가 아니면 교사의 자격으로 썼는가에 대한 검토: 사도의 의미에 대하여'에 이르기까지 총 4장에 걸쳐 성서 서술의 비일관성과 형식적 결함에 대해 지적하고 있다. 성서에 나오는 다양한 책들은 어떤 결함도 스며들 수 없을 정도로 후대에 잘 보존된 것은 아니었을 뿐만 아니라 후대의 성서편찬자들의 손에 의해서 추가되거나 제외되기도 했다는 게 스피노자의 최종결론이다. 성서의『구약』과『신약』모두 모든 시대를 포괄하는 책으로 단번에 쓰여지지 않았다. 그것은 특정 시대의 요구와 각 저자의 독특한 기질에 따라 우연히 쓰여진 다양한 저작의 모음집이다 (250쪽).

이와 다르게 성서의 정통파 해석자들은 그 어떤 왜곡이 발생할 수 있는 가능성 자체를 부정한다. 그들은 신이 어떤 특별한 섭리를 행함으로써 성서에 나오는 경전을 손상하지 않은 채로 그대로 보존했다고 주장한다. 그들은 심지어 성서의 전체 문장 가운데 등장하는 28개의 공란에 대해서도 마치 거기에 대단한 비밀이 숨겨져 있는 양 떠들어 댈 정도이다. 스피노자는 이러한 성서 해석 방법에 대해 신랄하게 비판한다.

"이런 말도 안 되는 견해가 어리석음과 맹종에 가까운 신앙심에서 추동되었는지 아니면 그들만이 신의 비밀을 간직할 수 있는 양하기 위한 오만함과 악의에 기인했는지는 나로서는 알 수 없는 노릇이다. 그러나 다음과 같은 사실만큼은 분명히 알고 있다. 나는 그들의 글에서 신성한 비밀의 기운을 느낄 만한 어떤 기미도 발견하지 못했던 반면, 다만 유치한 노력의 흔적만 발견했다. 실없는 소리를 늘어놓는 수많은 유대교 신비주의자의 글 또한 읽었고 또 그 내용에 대해서 잘 알고 있는 편이긴 하지만, 그들의 광기란 사실 끊임없이 놀라움을 자아낼 따름이다"(204쪽).

스피노자의 성서 읽기의 또 다른 결론, 어쩌면 그가 진정 전하고자 했던 결론은 성서에 등장하는 도덕적 교리와 관련한 구절의 경우 그 어떤 애매모호함이나 의혹을 불러일으킬 만한 결함은 존재하지 않는다는 점이다(204쪽). 성서는 종교나 신법에 영향을 미치는 한해서만 신의 말씀으로 불릴 수 있다. 또한 이러한 종교적 물음과 관련하여 성서에는 어떤 결함도 발견되지 않으며, 변조되거나 삭제되지도 않았다(251쪽). 설령 그것을 표현하고자 했던 애초 용어상에 상당히 많은 변화를 겪었다 하더라도 어떤 발언이든 간에 그것이 표현하고자 하는 의미에 관련해서만 신성하다고 불릴 수 있기 때문에, 그러한 성서의 의미가 우리에게 변질되지 않은 채 전해져 내려왔음을 주장하고자 할 뿐이다(252쪽).

성서에 나타나는 일부 표현이나 형식상의 변화 때문에 성서의 신성함이 손상되는 것은 아니다. 성서가 설령 다른 언어로 쓰인다 하더라도 그것은 여전히 신의 것이기 때문이다. 따라서 신법이 변질되지 않은 채 전해 내려왔다는 점에는 의심의 여지가 없다. 왜냐하면, 우리는 성서로부터 어떤 의문이나 모호함에 의해서도 결코 가려질 수 없는 주요한 가르침, 무엇보다 신을 섬기면서 이웃을 자신과 같이 사랑하라고 배우기 때문이다.

여기에는 어떤 날조 내용도 있을 수 없으며 성급하고 그릇된 성서 편찬자가 개입할 여지조차 없다. 만일 이러한 가르침에 상반된 교리가 성서에서 발견된다면, 성서의 모든 가르침은 전반적으로 변경을 피할 수 없었을 것이다. 하지만 다행히도 "성서의 가르침에는 그 어떤 왜곡도 발생하지 않았다. 바로 이 가르침이야말로 종교의 진정한 기반이며, 만일 이것이 제거된다면 성서의 전반적 구조도 붕괴할 것"(252쪽)이라고 스피노자는 주장한다. 스피노자는 이러한 해석에 기초하여 성서가 진정 전하고자 했던, 그리고 자신

의 성서읽기가 드러내고자 했던 의미에 관해 다음과 같이
결론 내린다.

"성서를 떠받치고 있는 근본 토대가 훼손되지 않았기 때문
에, 논란의 여지없이 성서의 근본 원리로부터 도출되는 마찬
가지의 근본적 교리, 곧 신은 존재하며 만물을 주관한다는
사실, 신은 전능하며 신의 뜻에 따라 착한 사람은 번영하고
악인은 내침을 당한다는 것, 우리의 구원은 오직 신의 은총
에 달려 있다는 사실에 대해서도 동일하게 인정할 수 있어야
한다. 성서는 어디에서든 이러한 교리를 명백히 깨우쳐 주
고 있다. 왜냐하면, 종교적 교리야말로 성서의 나머지 교훈
을 헛되지 않게 하거나 근거가 사라지지 않게 하려면 반드시
가르침이 필요한 내용으로 이루어져 있기 때문이다. 나아가,
보편적 가르침의 토대에서 명백하게 도출되는 성서에 나오
는 그 밖의 도덕적 교리, 즉 정의의 편에 서라, 약자를 도우
라, 살인하지 마라, 탐욕하지 마라 역시 긍정적으로 간주해
야 한다"(252~253쪽).

요컨대, 성서에서 가르치고자 하는 보편적 신법, 도덕적 교리는 훼손되지 않은 채 우리에게 잘 전해져 내려왔다 (253쪽).

# 5장
## 민주주의 국가와 자연권:
### "국가의 진정한 목적은 자유다"

　종교와 신앙의 토대로서 성서에 대한 해석을 끝마쳤다고 생각한 스피노자의 시선은 이제 민주주의 국가와 자유에 대한 사유로 향한다. 바로 이것이 『신학정치론』의 후반부인 16장부터 20장까지에서 정치에 대한 스피노자의 고찰이다. 스피노자는 성서에 대한 해석을 마친 후 다뤄야 할 주제에 대해 이미 제4장에서 다음과 같이 정의해 놓았다.

"신법이 요구하는 수단의 성질과 삶의 계획, 다시 말해서 신법에 따른 최상의 국가의 토대는 어떤 것이며 어떻게 인간의 삶을 인도할 것인가 등의 문제는 윤리학 일반에 속한 물음이다"(88~89쪽).

신법은 성서해석을 통해 알 수 있는 계시나 예언을 포함한 신의 명령과 의사뿐만 아니라 자연법과 자연지식을 포함한다. 스피노자는 자연지식과 자연법이 그것에 포함된 확실성 그리고 그것이 유래하는 원천인 신과 관련해서 보았을 때조차 예언적 지식에 조금도 뒤지지 않는다고 말했다(23쪽).

예언적 지식과 자연적 지식을 모두 포함하는 신법에 의거, 최상의 국가가 무엇인지를 발견하는 문제는 결국 윤리학 일반, 보다 정확하게 윤리학에 기초한 정치학을 구성하는 것으로 연결된다. 모세의 율법에 따른 이스라엘 국가가 예언적 지식에 기반 한 신정국가를 만들었다면, 이제 스피노자의 관심은 신법의 또 다른 구성인 자연적 지식과 자연법에 기초한 민주국가의 성립근거와 이론적 기초를 고찰하는 데로 향해진다. 바로 이러한 정치학적 논의가 『신학정치론』 16장에서 20장의 내용을 이루며, 『에티카』를 거쳐 유고인 『정치학논고』로 연결되는 것이다. 이로써 『에티카』 1부,

『신학정치론』, 『에티카』 2-5부, 『정치학논고』에 이르는 스피노자의 학문적 여정이 어느 정도 일관성을 갖게 된다.

스피노자는 상상력에 근거한 계시나 예언 등의 신학적 지식과 명석판명한 논증과 과학적 연구노력을 통해 구성되는 자연적 지식을 혼동해서는 안 된다고 기회 있을 때마다 강조했다. 정치학은 신적 지식의 일환으로서의 자연질서와 자연법, 그리고 이에 기초한 인간의 이성과 정서를 설명하는 윤리학적 토대를 갖춰야 올바른 문제설정이 가능하다. 그 핵심이 바로 스피노자 정치사상의 백미라 할 수 있는 자연권 개념이다.

자연권 사상은 정말이지 스피노자 정치학의 독창성과 특이성을 구성하는 진정한 토대다. 스피노자는 정치학에 대한 연구를 시작하면서 당대 최고의 정치사상가인 마키아벨리와 홉스의 저작을 면밀히 검토했다. 특히, 홉스에게서 자연상태나 자연권과 같은 용어를 빌려 온다. 하지만 그 용어를 사용하는 맥락과 논리 전개과정은 확연히 차이가 있다. 대표적으로 홉스는 인간의 본성은 무엇인가와 같은 인간학적 관심에서 논의를 시작한다. 잘 알려진 대로 인간학은 데카르트로부터 연유하는 근대적 사유의 출발점이다. 이에 반해서 스피노자는 사유의 폭을 확장하여 자연권을 인간을 포함한 전 우주의 사물을 관장하는 신적 지식, 곧 윤리학의 맥락에서 전개한다. 이러한 측면에서 스피노자의 사유는 근대적 사고체계를 뛰어넘었다고 할 수 있다.

스피노자의 자연권 이론을 이해하기 위해 자연권에 대한 홉스 해석을 먼저 살펴보는 게 도움이 될 듯하다. 홉스는 자연권 개념을 사용하긴 하지만 자연권 개념을 유추하기 위해 선행적으로 이해될 필요가 있는 자연에 대한 설명, 곧 윤리학이 빠져 있다. 사실 홉스는 자연 개념을 설명해야 할 필요성을 느끼지 못했을 것이다. 왜냐하면, 윤리학적 요청, 다시 말해서 비교적 평화롭고 자유로운 분위기에서 이성적이고 과학적 연구의 토대를 갖는 스피노자의 정치적 사유와 달리 내전의 한가운데서 공포로부터 벗어나 평화와 안정을 긴급하게 달성하기 위한 현실정치의 요구가 홉스의 자연권에 대한 논의를 지배했기 때문이다. 그래서 홉스는 자연권을 국가 구성 이전의 일종의 가상적 시공간에서 비참한 인간의 존재론적 상황인 자연상태에서부터 논의를 시작한다. 홉스가 보기엔 당시 조국인 영국에서 오랫동안 지속되고 있던 공화파와 왕당파 사이의 내전 상황이 판단하건대, 자연상태와 아주 흡사했다.

이처럼 홉스의 정치적 상상력을 발동시키는 출발점은 자연상태에서의 인간의 비참한 상황이다. 자연상태는 그러므로 자체로 의미를 갖기보다는 정치사회, 곧 국가 발생을 추동하는 사회계약의 필연성과 정당성의 근거를 제시하기 위한 전前 사회상태라는 이론적 가상으로서만 의미를 지닌다. 자연상태는 상호등질적인 욕구를 지닌 고립적이지만 평등한 개별인간들로 구성된다. 스스로에게 내리는 명령에의 복종을 제외하고는 어떤 의무도 발생하지 않기 때문에 동등한 자연권은 자신의 이기적 목표를 충족하기 위해 타인을 배척할 권리, 다시 말해서 '만인에 대한 만인의 투쟁' 가능성을 내포하는 항구적 전쟁상태를 야기한다.

모든 사람이 생명의 보존을 위해 스스로 원하는 대로 자신의 힘을 사용할 자유는 그것이 타자에 의해 행사되었을 때는 나에 대한 지배, 나의 권리에 대한 침해가 되며, 나를 통해 행사되었을 때 필연적으로는 타자에 대한 지배가 된다. "능력의 평등에서 희망의 평등이 생긴다. 즉 누구든지 동일한 수준의 기대와 희망을 품고서 목적을 설정하고, 그 목적을 달성하기 위해 노력한다. 같은 것을 놓고 두 사람이 서로 가지려 한다면, 그 둘은 서로 적이 되고, 따라서 상대 방을 파괴하거나 굴복시키려 하게 된다"(홉스, 169쪽).

홉스의 시각에서 본다면, 자연상태에서 개인이 향유하는 자연권은 모두가 자기보존을 추구하기 때문에 공멸을 재촉하는 부정적 권리에 다름 아니다. 자연권의 무제한적 사용에 의해 야기되는 전쟁상태는 결국 자연권의 전면적 양도를 전제로, 모두를 위압하는 공통의 권력, 곧 국가의 설립에 의해서만 비로소 중단될 것이다.

스피노자의 자연권 개념은 홉스의 그것과 아주 다르다. 자연권이 정치사회, 곧 국가의 긍정적 구성원리라는 측면에선 정반대의 의미를 지닌다. 스피노자의 정치학은 앞서 언급했듯이 윤리학적 기초를 갖는다. 이러한 윤리학적 기초 가운데 가장 놀랍고 위대한 언급이 바로 "신 또는 자연"이라는 『에티카』의 한 구절이다. 스피노자에게 신과 자연은 동일하다. "신 또는 자연이라고 부르는 저 무한한 유는 자신이 존재하는 것과 똑같은 필연성을 가지고 작용하기 때문이다"(스피노자, 2003: 208쪽). 이로부터 자연에 존재하는 모든 사물, 곧 개물은 자신을 보존하기 위한 힘으로서의 자연권을 보유한다. 다시 말해서 자연권은 인간의 특권이 아니라 자연의 모든 개별 사물, 곧 개물의 존재에 내재하는 권리이다. 이 권리는 개물의 존재를 가능케 하는 힘에 비례하여 확장된다. 한마디로 자연권이란 개물이 자신의 존재를 보존하기 위한 힘 또는 노력에 다름 아니다.

"나는 자연의 권리와 명령을 일종의 자연법으로 이해한다. 이로부터 우리는 모든 개물, 곧 개별적 사물이 특정한 방식으로 행위하고 살도록 자연에 의해 조건 지워져 있다는 사실을 알 수 있다. 예를 들어, 물고기는 헤엄을 치며 큰 물고기가 보다 작은 물고기를 잡아먹도록 자연적으로 조건 지워져 있다. 따라서 물고기가 물에서 살며 큰 고기가 작은 고기를 잡아먹는 것은 최고의 자연권에 의해서라고 할 수 있다. 왜냐하면, 절대적 의미에서 이해된 자연은 그것이 무언가 할 수 있는 힘이나 능력을 지니는 한에서 동일하게 무엇을 할 수 있는 최상의 권리를 지니기 때문이다. 한마디로, 자연의 권리는 그가 지닌 힘에 비례하여 확장한다. 그 이유는 자연의 힘은 만물에 대해 최고의 권리를 지니는 신의 힘과 동일하기 때문이다. 그런데 자연의 힘이란 개별 사물의 힘의 총합에 다름 아니기 때문에 각각의 사물은 무언가를 할 수 있는 힘을 지니는 한에서 모든 것을 할 수 있는 최고의 권리를 가진다고 할 수 있다. 한마디로, 개별 사물의 권리는 권리를 조건지우는 힘과 동일한 정도로 확장될 수 있다"(290~291쪽).

이제 각각의 사물이 자기를 제외한 다른 무엇도 고려하지 않으면서 자기만을 보존하기 위해 전력해야 한다는 사실, 바로 그것이 자연의 최고법이자 권리임을 확인한다. 따라서 자연의 최고법과 권리는 자연적 조건에 의거하여 존재하고 행위하는 모든 개별 사물에 속한다고 할 수 있다. 이 대목에서 합리주의 철학으로 한정할 수 없는 스피노자 자연권 사상의 독창성이 드러난다. 왜냐하면 자연권은 건전한 이성이 아니라 무언가를 하고자 하는 욕구와 힘에 의해 결정된다고 간주하기 때문이다. 따라서 자연권에 관한

한 인간과 자연의 여타의 다른 개별 사물, 이성을 부여받은 인간과 참된 이성을 모르는 인간, 바보, 광인과 정상적 인간을 구분할 필요가 없다. 다음과 같은 스피노자의 예시는 자연권의 의미를 상징적으로 잘 보여 준다. "고양이가 사자의 본성의 법칙에 따라 살아야 할 의무가 없는 것과 마찬가지로 사람들은 건전한 정신의 법칙에 따라 살아가야 할 의무 역시 지지 않는다"(292쪽).

이제 우리는 개별 사물이 무엇이든지 간에 그 사물은 무언가를 할 수 있는 최고의 권리를 지닌 자연의 법에 따라 행위하는 것이며, 그런 한에서 자의적으로 행동할 수 없고 오직 자연에 의해 조건 지워진 방식으로만 행위한다고 정당하게 말할 수 있다(291쪽). 이로부터 모든 사람이 그 아래에서 태어나고 대부분 살아간다고 할 수 있는 자연의 명령과 권리는 존재하는 모든 것을 허용한다는 결론을 나온다. 자연권은 분쟁, 적의, 분노, 기만 등 인간의 욕망이 바라는 수단을 금하지 않는다. 자연의 지배 아래서 개인은 자신에게 유용하다고 생각하는 것이면 무엇이든지, 무력이나 기만, 간청 또는 수단 가리지 않고 최선의 것을 할 수 있다고 간주하며 그것을 추구할 수 있는 최고의 권리를 지닌다. 따라서 그가 목적한 바를 이루고자 하는 것을 방해하는 자는 누구라도 자신의 적으로 간주할 것이다(292쪽).

그렇다면 자연상태에서 모든 인간이 자신의 힘에 비례해서 자연권을 무제한적으로 행사할 수 있음에도 정치 상태인 국가를 형성해야 하는 이유는 무엇인가? 홉스에게 사회계약을 추동하는 힘이 전쟁상태를 회피하기 위한 공포였다면, 스피노자에게 있어 그것은 정치공동체가 인간에게 주는 편익이다. "이성의 법칙과 확실한 명령에 의거해서 살아가는 것이 우리에게 보다 이롭다는 사실에 대해서만큼은 누구도 의심할 수 없는데, 그 이유는 그렇게 사는 것이 우리가 이루고자 하는 목표에 진정으로 도움을 주기 때문이다"(293쪽). 따라서 인간이 전체로서의 권리를 향유하기를 바란다면 가능한 한 복되고 그리고 안전하게 함께 살아가기 위한 계약에 반드시 도달해야만 한다(294쪽).

이 계약은 일방적 계약이 아니라 계약 당사자 간에 상호의무를 지우는 쌍무계약이다. 스피노자는 먼저 자연권 포기와 양도의 원리로부터, 홉스가 가정하고 있는 것처럼 "칼에 의한 평화"를 보장하기 위해서는, 주권을 지닌 통치자가 자신의 관할 아래 있는 모든 것에 대해 권리를 가지며 통치자만이 정의와 자유의 유일한 수호자이고 신민은 모든 측면에서 통치자의 지시에 따라 행동해야 한다고 추측할 수 있을는지도 모르겠다고 운을 뗀다(18쪽). 하지만, 누구라도 자기를 방어할 수 있는 개인적 힘을 공개적으로 포기함으로써 인간이기를 그만두려고 하지 않을 것이기 때문에 자신의 자연권을 완전히 빼앗길 수는 없다고 말한다(19쪽). 그러므로 계약의 효력은 대중이건 주권자건 할 것 없이 계약을 성실히 준수하겠다는 상호의무 표시를 통해 발생하는 실효성에 기반하며, 실효성 없는 계약은 무효라고 결론내릴 수 있다.

"개인의 자연권은 자신이 보유한 힘에 의해서만 한계 지워지기 때문에 강제적이든 자발적이든 개인은 자신의 힘을 타인에게 양도하는 만큼 자신의 권리 역시 그 정도로 양도해야 한다는 사실 또한 명백하다. 만인에 대한 최고의 권리인 주권은 최상의 권력을 보유한 사람에게 속하게 된다. 그는 바

로 주권에 의거하여 폭력을 통해 타인을 강제하거나 만인이
보편적으로 두려워하는 사형 등 처벌의 위협으로 사람들을
제재할 수 있다. 요컨대, 자신의 의지를 강제할 수 있는 힘을
지니는 한에서만 그는 주권을 보유한다. 그렇게 할 수 없다
면, 정치적 지배란 불확실하게 될 것이며, 강력한 힘을 보유
한 사람들 가운데에서 불가피하게 그에게 복종할 자는 아무
도 없을 것이다"(297쪽).

여기서 중요한 것은 국가형성을 통해 개인의 권리가 안
전해지고, 무엇보다 더 잘 보장받게 될 것이라는 기대 하에
서만이 이 계약은 지속적으로 유지 될 수 있다는 점이다.
이 방식으로 자연권에 대한 침해 없이도 한 사회는 형성될
수 있으며, 맹세로 서약한 맹약은 엄격하게 지켜질 수 있
다. 또한 각 개인이 그의 힘 전체를 국가에 양도한다면 국
가는 이로부터 최고의 자연권인 주권을 보유하게 될 것이
다. 국가는 이제 유일하고 의문의 여지가 없는 지배권을 지
니며, 계약의무를 다하지 않으면 형벌에 처해질 수도 있다
는 두려움 때문에 사람들은 국가에 복종한다. 이렇게 성립

된 국가를 우리는 민주주의라 부른다(297쪽).

정리하면, 인간은 각자 자기 보존의 욕망을 추구한다는 점에서 평등하며, 또한 그런 한에서 이들은 모두 자연적으로 동등한 권리를 지닌다. 기본권은 어떤 경우에든 무조건적으로 양도될 수 없다. 그것은 "국가를 위태로운 지경에 빠뜨리게 하지 않고서는 결코 박탈할 수 없는 권리"(19쪽)라는 측면에서 문자 그대로 자연권의 의미를 지닌다. 인간이 국가를 형성하는 이유란, 자신의 권리를 향유하고 보다 잘 실현하기 위한 것이지 주권자에게 자연권을 맡기는 조건으로 자신의 생명과 안전을 단순히 보장받고자 함이 아니다.

정치공동체, 곧 국가성립의 전 과정을 요약하면 다음과 같다. 스피노자는 정치적 논점을 분명히 하기 위해서 개인의 자연권에서부터 시작한다고 말한다(18쪽). 자연권은 개인의 욕구 및 힘에 비례하여 확장된다. 자연권의 의미에 비추어 보았을 때, 자연상태에서 타인의 명령대로 살아야 할 사람은 아무도 없으며, 각자는 자기 자신의 자유의 수호자라는 결론이 나온다. 그러므로 국가를 형성하기 위한 계약이 성립되기 위해서는 우선 스스로 지키는 권리를 포기하고 이를 정치연합체에 양도해야 한다. 동시에 각자로부터 자기가 원하는 대로 살 권리를 자기방어의 힘과 함께 양도받은 정치연합체는 개인과 공동체의 방어의 의무 및 우리의 삶을 정치적으로 규율할 수 있는 권한을 합법적으로 부여받는다. 하지만 이 모든 것은 자유 자체를 포기하는 게 아니라 자유를 더 잘 보장받기 위함이다.

이로부터 스피노자 스스로 "정부 형태를 통해 자유의 이점을 보여 주고자 하는 목표에 가장 부합한다"(301쪽)고 정의한 '정치체제로서 민주주의', 곧 민주정의 형성 원리가 잘 드러난다. 첫째, 모두 자신의 욕구를 추구한다는 면에서 인민은 평등하며, 그들이 행사하는 권리는 자신이 지닌 힘에 비례하여 확장된다. 인간의 행동을 결정하는 것은 자연적 힘, 곧 이러저러한 인간의 본성에 의해 규정된 힘이다. 그러므로 우리가 이성에 따르든 아니면 욕망에 따르든 언제나 자연 법칙과 규칙, 곧 자연권에 의거해서 행동하고 있는 셈이다(395쪽). 둘째, 인민은 자신의 사회적 욕구를 실현할 권리로서의 자유를 추구하기에 자연권을 기꺼이 정치연합체에 양도한다. 셋째, 이러한 전제를 충족시키는 정치체제가 바로 민주정이다.

이렇게 성립된 민주정은 이제 그 어떤 정치체제와 비견할 수 없을 정도의 강력한 권위를 행사할 수 있다. 왜냐하면 그것은 동일한 권리 주체로서의 평등한 개인이 연합해서 형성한 정치 의사, 곧 인민주권에 의해 만들어졌을 뿐만 아니라 각 개인들 스스로 그것의 한 단위라 할 수 있는 다수에게 자신의 자연권을 넘겨준 체제로 규정되기 때문이다. 또한 이렇게 함으로써 사실 그 누구에게도 자연권을 양도한 것은 아니며, 모두가 하나가 되어 가장 커다란 힘을 발휘할 수 있다. 스피노자는 이 과정을 통해 자연상태에 있었을 때와 마찬가지로 모든 인간의 평등은 계속해서 유지될 수 있을 것이라고 주장한다(300쪽).

바로 이 점이 중요하다. 모두가 자유롭고 모두가 평등한 체제라는 측면에서 민주정은 '절대 통치 체제*Imperium Absolutum*'로서의 지위를 부여받으며, 또한 이런 한에서 스피노자가 "국가의 진정한 목적은 자유"(373쪽)라 했던 이유 역시 잘 이해할 수 있다.

민주정은 그 정의에 있어 모든 사람이 전체적으로 권력

을 행사할 수 있는 사회이다. 이때 최고권인 주권은 어떤 법에도 구속받지 않으며, 반대로 만인은 모든 면에서 그것에 복종해야 한다. 스피노자는 민주주의에서라면 다른 사람의 명령과 의지에 복종하는 일은 두려워할 필요가 없다고 말한다(299쪽). 왜냐하면, 인민의 다수가, 게다가 공동체의 규모가 커질수록 이러한 부당한 시도에 동의하리라는 것은 거의 불가능한 일이기 때문이다. 게다가 민주정의 근본 목표와 토대는 합리적 욕망을 피하고 사람들을 가능한 한 이성의 통제 아래 둠으로써 평화롭고 조화롭게 살아갈 수 있게 하려는 데 있다. 따라서 평등과 자유라는 민주정의 기본 원칙이 사라지면 그 구조 전체가 붕괴하는 것이다. 이 사안이 바로 최고 권력인 주권의 관심사이며, 신민의 의무는 주권의 명령을 수행하고 최고 권력이 설정한 권리를 인정하는 데 있다(299쪽).

이 대목에서 스피노자는 윤리학적으로 대단히 흥미로운 질문을 던진다. 그것은 바로 노예는 명령에 복종하고 자유인은 자신이 원하는 대로 살기 때문에 우리가 국가형성이라는 계약을 통해 자유인을 노예로 전락시키는 것이 아닌가 하는 우려에 따른 것이다(299쪽). 스피노자는 이것은 전혀 사실이 아니라고 단언한다. "왜냐하면, 진짜 노예란 쾌락에 이끌려 자신에게 무엇이 선이 되는지도 모르며 선에 따라 행위할 수 없는 존재인 반면, 온전한 이성의 지도 아래 스스로의 동의를 통해서 삶을 영위하는 사람은 진정 자유로울 수 있기 때문이다"(299쪽).

명령에 복종하는 행위란 어떤 의미에서는 자유를 침해하는 것이기는 하지만, 그렇다고 그 사람을 노예로 만들지는 않는다. 노예인지 아닌지 여부는 전적으로 행위의 목적에 달려 있기 때문이다. 행위의 목적이 행위자의 선에 있지 않고 국가의 선을 위한 것이라면 행위자는 노예인 셈이며, 따라서 자신에게는 그 어떤 이익도 없다. 하지만, 통치자가 아니라 민중 전체의 복리가 최고법인 나라에서라면, 최고권력에 복종하는 행위는 우리를 어떤 유용함도 지니지 못하는 노예가 아니라 신민으로 변화시킨다. 따라서 법이 건전한 이성에 기반해 있는 국가야말로 가장 자유롭기 때문에 거기에 속한 모든 구성원은 자신이 그렇게 되기를 원한다면 얼마든지 자유로울 수 있다(299쪽).

스피노자는 국가형태가 무엇이든지 간에 인간은 이성에 의해 이끌리는 한에서 인간은 자신이 자유롭다는 것을 스스로 알 수 있다고 말한다. 비록 홉스는 달리 생각하겠지만, 이성은 전적으로 평화를 선호한다. 그러나 평화는 국가의 보편적 법이 존중되지 않는다면 지켜질 수 없다. 따라서 한 인간이 이성에 의해 지도되면 될수록, 곧 그가 보다 자유로울수록, 그는 더욱더 확고하게 국가의 법을 준수하고 자신이 그것의 신민인 최고 권력의 명령에 따르려 할 것이다. 다시 말해서, 그들은 이성의 온전한 지도에 충분히 동의하며 살아갈 수 있다(299쪽 각주 29).

민주정은 이성에 의한 명령을 받으며 통치자는 구성원의 이익을 위해 일관되게 통치한다. "전체 공동체가 하나의 몸체로서 통치체제의 통제권"을 가지는 민주정에서 시민들의 자유가 극대화된다는 사실이 무엇보다 중요하다. 주권을 지닌 통치자에게 복종하면서 그들 자신에게도 복종하는 것이기 때문이다. "복종이란 외적 권위의 명령에 따라 행위하는 데 놓여 있기 때문에 모든 시민에 의해 통치가 이루어지고 법이 만인의 동의에 의해 만들어지는 국가에서는 복종이란 결코 존재하지 않는다고 할 수 있다. 이 나라에서는 외적 권위에 의해서가 아니라 개인의 자유로운 동의에 의해서 그렇게 하는 것이기에 법이 늘든 줄든 상관없이 인민은 언제나 자유롭다"(108~109쪽). 스피노자가 민주정을 "자연상태에 가장 근접한 정부형태"로 규정한 것도 바로 이 때문이다.

"민주정에서 모든 사람은 자신의 행위에 대하여 국가권력의 통제를 받아들이지만, 그 승인은 자신의 판단과 이성에 따라 이루어진다. 사람들이 똑같이 생각할 수는 없기 때문에 구성원 다수가 지지하는 제안이 법령의 힘을 갖게 된다는 것에는 동의하지만, 이와 동시에, 더 나은 대안을 알게 되는 경우에는 법을 폐지할 수 있는 권위를 보유한다. 자유롭게 판단할 수 있는 능력이 억제되는 것에 비례해서 우리는 그만큼 인간의 자연적 조건으로부터 멀어지며, 그 결과 정권은 더욱더 억압적으로 된다"(380쪽).

이성의 인도 아래 법이 제정되는 민주정에서 통치자의

의지는 구성원의 의지일 뿐 아니라, 그들의 이성적인 의지를 대표한다. 통치자에게 복종하면서, 그들은 비이성적인 요구에 이끌리기보다 자신의 참된 이익을 추구하며 올바른 이성에 따른 삶을 영위한다.

"나는 민주주의가 가장 자연적이며 자유에 대해서도 가장 잘 공명하는 정부의 형태라고 믿기에 특별히 그렇게 자세히 증명하기를 바랐다. 민주주의에서는 누구라도 개인의 자연권을 완전히 양도했기 때문에 어떤 사안에서건 목소리를 내지 못하는 사람은 더 이상 존재하지 않는다. 각각의 개인은 오직 그 스스로가 그것의 한 단위라 할 수 있는 사회의 다수세력에게 자연권을 양도했을 따름이다. 이런 식으로 해서 자연상태에 있었을 때와 마찬가지로 모든 인간의 평등은 계속해서 유지될 수 있다"(300쪽).

분명한 것은 스피노자가 시민들의 도덕적 삶에 있어서, 민주정의 통치자를 포함해 통치자의 역할을 중요하게 생각한다는 사실이다. 국가의 목적은 단지 생명과 재산을 보호하거나 시민들의 자유를 옹호하는 것이 아니다. 그 외의 사람들이 원하는 것을 하게 하며 그들이 선택한 가치가 무엇이든 그에 따라 살 수 있게 하는 것이다. 스피노자에게 제역할을 하는 국가, 곧 이론적으로 사람들이 자연상태에서 벗어나 형성한 조직화된 정치공동체는 사회계약을 맺게 한 첫 번째 중요한 동기인 근본적인 평화와 안정을 제공하는 것 이상을 실현해야 한다. 국가의 보호 아래 사람들은 그들의 자유와 덕을 증진시킬 기회를 얻는다. 그래서 우리는 민주정 하에서라면 다음과 같이 자신 있게 말할 수 있다.

"시민의 권리란 모든 사람이 자신의 존재를 보존하기 위한 자유를 의미한다. 이때 자유의 한계는 최고 권력인 주권의 명령에 의해 결정되며 그것의 권위에 의해서만 유지된다. 왜냐하면, 각 개인이 자기가 원하는 대로 살아갈 수 있는, 오직 자신의 힘에 의해서만 제한되는 권리, 다시 말해서 자신의 자유와 자기 방어의 힘을 타인에게 양도할 경우 그는 타인이 명하는 대로 살아야 하며 자신의 보호를 위해 전적으로 그를 신뢰할 수 있어야만 하기 때문이다"(301쪽).

# 6장

## 고대 이스라엘 국가의 성격과 통치원리:
### "그 누구도 최고 권력자에게 자신의 모든 권리를 양도할 수도 양도할 필요도 없다"

스피노자는 자신이 전개한 정치와 종교이론을 증명하기 위한 역사적 사례로 모세가 세운 고대 이스라엘 국가인 유대 국가를 들고 있다. 성서를 통해 유대 국가의 역사를 살펴보지만 이제 더 이상 그것은 신학적 주제가 아니다. 오히려 유대 국가는 정치학적 설명의 대상이다. 출애굽기 이후 유대 국가의 건설과정으로부터 번영, 그리고 몰락의 전 과정에 이르기까지 그 국가의 성격과 통치원리를 규명하는 작업은 이중적으로 중요하다.

첫째, 유대 국가의 번영은 단지 이스라엘인들이 신으로

부터 선택된 민족이라든지 아니면 타 민족에 비해 뛰어난 지혜나 정신적 자질에 기인한 것은 아니라는 사실이다. 그들은 오히려 특정 국가에 의해 선택받은 것이다. 유대민족이 일시적으로나마 번영했다면 그 비결은 오로지 유대인 고유의 독자적 법령의 이점 때문이다.

둘째, 유대 국가 성공의 비결을 이해하지 못한 채, 단순히 종교적 원리를 내세워 신정국가를 설립하려는 칼뱅주의자들의 시도는 시대착오적이며, 결국 미신과 종교적 광기를 초래할 것이다. 멀리 갈 것도 없이 종교재판이 대표적 예이다. "종교적 선동은 법률이 인간의 사고 영역을 침탈함으로써 우리의 소신을 재판에 회부하여 범죄라고 낙인찍을 때 비로소 힘을 얻는다. 소신을 지키고 옹호하려는 사람은 공공 안전이라는 이유에서가 아니라, 반대파의 증오와 잔인함에 의해 희생된다"(12쪽).

스피노자에게 성서를 통해 유대 국가의 성공과 실패의 이유를 읽어 내는 작업은 동시대의 정치와 종교를 이해하는 데 있어서도 여전히 의미 있는 일이었다. 이를 위해서 우리는 고대 이스라엘 국가의 통치원리를 살펴볼 필요가 있다. 스피노자는 고대 이스라엘 국가가 지금까지 과연 존속할 수 있었을는지는 모르겠으나 적어도 오늘날 그것을 모방하는 것은 불가능하며 그다지 교훈적이지도 않다고 말한다(343쪽). 게다가, 고대 이스라엘인들이 지녔던 정부형태는, 자신의 경계 안에 틀어박혀 바깥세상과 단절한 채 어떤 외교적 관계도 맺지 않고 살아가기를 원하는 사람의 요구는 충족시킬지 모르겠지만, 다른 나라와 교류하고 거래하며 살아가야 하는 사람에게는 들어맞지 않는다. 따라서 이러한 형태의 국가가 적용될 수 있는 사례란 사실 거의 없기 때문에, 그 국가의 일반적 특징이 아닌 현재에서도 교훈으로 삼을 만한 몇 가지 정치원리를 끌어내는 데 집중한다.

모세가 건국한 유대 국가는 신정국가로만 알려져 왔다. 신정국가의 특징은 종교와 정치의 일치, 한마디로 제정일치다. 그런데 스피노자가 보기에 유대 국가에는 제정일치의 신정국가로만 단순화할 수 없는 복잡한 양상이 감춰져 있다. 먼저 초기 유대 국가의 특징에 대해 살펴본 후, 모세 사후 어떤 변화를 겪었는지, 그리고 그러한 변화가 내포하고 있는 정치적 함의는 무엇인지에 대해 살펴보는 것이 올바른 순서로 여겨진다.

창설 당시의 유대 국가의 특징에 대해서는 "신이 모세에 전한 계시가 지닌 정치적 교훈"(316쪽)의 관점에서 살펴볼 필요가 있다. 유대 국가의 종교적 뿌리와 건국 과정에 관한 성서의 문서가 바로 모세가 썼다고 알려진 『구약』의 처음 다섯 편, 곧 창세기·출애굽기·레위기·민수기·신명기 등 〈모세오경〉에 담겨져 있다.

이집트에서의 탈출에 성공한 직후, 이스라엘인들은 흔히 말하는 자연상태에 놓이게 되었다. 그들은 누구와의 계약에 의해서도 구속되지 않았고, 더 이상 어떤 특정 국가의 법률에 의해서도 구속되지 않았다. 그들이 원하는 대로 자유롭게 법을 제정하고, 자신이 원하는 어떤 땅이든 차지할 수 있는 가능성이 생겨났다. 따라서 그들은 자연권을 회복하여 자유롭게 그것을 보유할 것인가 아니면 그것을 포기하고 다른 사람에게 양도할 것인가를 선택할 수 있었다. 그들은 자신들이 자연상태에 놓여 있음을 알고서 가장 신뢰했던 모세의 충고에 따라 자신의 권리를 인간이 아닌 신에게 양도하기로 결정했다(316~317쪽).

신에게로의 자연권 양도 약속은 일반적인 정치 공동체에서 자연권을 포기하는 데 사람들이 동의하는 것과 동일한 방식으로 이루어졌다. 사실, 그것은 유대인들이 자유롭게 그리고 어떤 강압에 의하지 않고 자기의 권리를 포기했으며, 권리를 신에게 양도하기로 맹서로써 확인한 사회계약의 효력을 지닌다. 바로 이 계약에 의해서만 이스라엘 국가는 번영을 유지했고 또한 계속 번영할 수 있었다(317쪽).

따라서 오직 신만이 이스라엘인들에 대한 통치권을 지닐 수 있게 되었다. 이 국가는 신과 맺은 맹약으로 인해서 '신의 왕국'으로, 신은 이스라엘 민족의 왕으로 불리게 되었다. 따라서 유대민족의 적은 신의 적이라는 말을 들었다. 지배권을 탈취하려고 한 시민은 신에 대한 반역죄를 범한 셈이었으며, 국가의 법은 신의 법이자 명령이었다. 고대 이스라엘 국가에서 시민적, 세속적 권위와 종교적 권위는 동일했기 때문에 양쪽 모두 신에 대한 복종을 의미했다. 이로써 종교적 교리는 가르침의 교훈이 아닌 법과 명령을 의미하는 율법이 되었다. 종교적 경건은 충성과 동일한 것으로, 그리고 불경은 반체제적인 것으로 간주되었다. 시민법, 곧 세속법과 종교법은 전혀 구별되지 않았다. 이스라엘인들의 정부는 한마디로 '신정체제'로 불릴 만했다.

스피노자에 따르면, 그러나 이 모든 상황은 최초에는 실제 현실에서라기보다 이론적으로만 존재했다. 이것은 이스라엘인들은 실제로는 주권을 완전히 보유했다는 사실에서 잘 드러난다. 최초에 이스라엘인들은 자신의 권리를 특정한 사람에게 양도한 것이 아니라, 민주정에서와 같이 그들 모두가 평등하게 권리를 포기하고 한 목소리로 어떤 중개자 내지 대변자도 아닌 오직 신이 말씀하시는 것은 무엇이든지 따르겠노라고 외쳤다. 그들 모두 신과 맺은 맹약을 똑같이 이행할 의무가 있으며, 신에게 자문을 구하고, 신의 법을 해석하고 받아들일 수 있는 동등한 권리를 지녔음으로 해서 모든 사람은 정부를 구성하는 데 평등한 권리를 지닐 수 있게 되었다. 하지만 신과의 첫 대면에서 신의 목소리를 듣고 얼마나 공포에 질리고 기겁했던지 그들에게 최후의 시간이 도래했다고 생각했다. 그래서 공포에 사로잡힌 채, 모세를 찾아가 모세와 신과 직접 대화하여 그를 통해 신이 내린 명령을 따르겠다고 약속했다.

"이것으로 그들은 명백하게 첫 번째 계약을 파기했으며, 신과 만나 이야기하고 그 명령을 해석할 수 있는 권리를 모세에게 완전히 양도했다고 할 수 있다. 여기서 그들은 신이 그들에게 말한 것에 복종하는 게 아니라 신이 모세에게 말한 것에 복종할 것을 약속했기 때문이다. 따라서 모세만이 신법의 유일한 제정자이자 해석자가 되었으며, 오직 그만이 신을 대신하여 이스라엘인들 사이에서 활동할 수 있었다. 한마디로, 최고의 주권을 지니게 되었다고 할 수 있다"(319쪽).

이스라엘 민중이 모세를 선택했다고 하더라도 민중은 그의 후계자를 선택할 권리를 가지지 않았다는 점에 주목할 필요가 있다고 스피노자는 말한다. 신에게 자문을 구할 수 있는 권리를 모세에게 양도하여 그를 무조건적으로 신 말씀의 전달자로 간주하겠다고 약속하자마자 이스라엘인들은 모든 권리를 상실한 채, 모세가 선택하는 어떤 후계자도 신에 의해 선택된 것으로 받아들여야 할 의무가 있었다. 모세가 만일 자신과 마찬가지로 주권자의 모든 기능을 행사하며 통치의 유일한 권리를 지닌 후계자를 선택했다면, 이 국가는 제정일치의 군주정이 되었을 것이다. 하지만 "모세는 후계자를 지명하지 않았고, 민주정도, 귀족정도, 군주정도 아닌 일종의 신정체제라 불릴 만한 조건에서 통치권을 후임자에 물려주었다. 이렇게 말할 수 있는 이유는 신의 율법을 해석할 권리와 이렇게 해석된 율법에 따라 국가를 통치할 수 있는 권리와 힘을 각각 다른 사람에게 부여했기 때문이다"(320쪽).

신과 가장 지근거리에 있게 된 모세의 형 아론은 신법의 최고 해석자로 민중에게 신탁의 응답을 전하고 민중을 위해서 신에게 간청할 수 있는 제사장으로 선택되었다. 그런데 그가 종교적 특권에 더해서 통치할 수 있는 정치적 권리마저 지니게 되었다면, 그는 절대 군주 이상도 이하도 아니게 되었을 것이다. 하지만, 통치권에 관한 한 그는 단지 개별 시민에 지나지 않았다(321쪽).

통치권과 행정권은 군대의 최고 사령관인 여호수아에게 맡겨졌다. 오직 그만이 비상시에 신에게 자문을 구할 수 있는 권리를 지니게 되었다. 하지만, 그의 직위는 세습되지 않았다. 그래서 여호수아가 죽자 각 부족의 지휘관들이 자기 부족의 군대에 대해서 여호수아가 행사했던 지휘권을 보유하여 그들 모두는 군대 전체에 대해 여호수아가 단독으로 행사한 지휘권을 집단적으로 행사했다. 자신의 막사나 성전에서 신에게 홀로 계시를 받았던 모세와 달리 여호수아는 대제사장을 통해서만 그것이 가능했으며, 신의 응답 역시 대제사장에게만 주어졌다.

모세가 자신의 후계자에게 남긴 명령을 보면, 그의 후계자는 전제군주라기보다는 행정수반이었다는 사실을 쉽게 알 수 있다. 모세는 누구에게도 원하는 장소에서 혼자 신에게 자문을 구할 권리를 주지 않았다. 따라서 어느 누구도 법을 제정하고 폐지하며, 전쟁과 평화를 결정하고, 종교직과 정치적 직위에 사람들을 임명할 수 있는 권한을 포함해서 모세 자신만이 지녔던 주권자의 대권大權을 행사할 수 없었다. 최고 사령관과 부족 간 최고 회의체는 원할 때마다 신과 얘기를 나눌 수 있었지만 오로지 대제사장으로부터만 그것을 전달받을 수 있었다. 이때 사제에 의해 주어진 신의 말씀은 모세처럼 명령이 아니라 단순한 응답이었을 뿐이다. 그리고 무엇보다도 이 응답은 오직 여호수아와 최고회의가 수락할 때만 법적 효력을 지닐 수 있었다(323쪽).

공동의 적에 대항하기 위해서 힘을 한데 합쳐야 할 상황을 제외하면 최고 사령관은 불필요한 것으로 여겨졌다. 최고 사령관이 요구되는 상황이란 각 부족이 정착할 영토를 가지지 못했으며 모든 것이 공유되었던 시기인 여호수아 시절에나 주로 발생했다. 이제 모든 부족이 정복의 권리에 따라 영토를 각기 나누고 분리하면서 공유할 아무것도 없게 되자 최고 사령관이 존재할 이유도 사라지게 되었다. 그들은 신과 종교의 관점에서는 동료 시민으로 간주되었지만, 부족 대 부족의 동등한 권리를 지녔다는 측면에서 오직 연합체의 일원이었을 뿐이다. 스피노자는 여호수아 이후 이스라엘 국가의 정치상황을 모든 사람이 공동으로 관여하는 성전의 존재, 곧 신정 국가적 요소만 제외하고는 자신이 살던 당시 네덜란드 연합국가와 대단히 비슷한 위상이었다 해도 과언이 아니라는 대단히 흥미 있는 주장을 내놓았다(324쪽).

모세 사후에 어느 누구도 최고 주권자의 권한을 행사하지 못했다는 사실을 입증한 것만으로도 유대 국가의 특성에 대한 분석은 충분하다. 나라의 일이 한 사람에게도, 회의체에게도, 민중의 투표에도 전적으로 맡겨지지 않았다. 어떤 일은 부분적으로 한 부족에게, 다른 일은 동등한 지분을 지닌 나머지 부족에 의해 처리되었기 때문에 모세 사후의 국가형태는 군주정도, 귀족정도, 민주정도 아닌 신정체제였음이 분명하다. 민중은 최고 재판관인 신에게 충성을 맹세해야 했다. 그들은 모든 문제에서 오직 신에게만 절대 복종할 것을 맹세했다. 최고 사령관이나 독재관이 필요하다고 판단되었을 때는 오직 신에 의해서만 선출되었다. 모세는 신의 이름으로 최고 사령관직을 단호히 명령했고 기드온과 삼손 그리고 사무엘의 선택으로 이는 실제 증명되었다. 이로부터 우리는 다른 충성스럽고 독실한 지도자가 이와 동일한 방법으로 선출되었다고 결론 내릴 수 있다(327쪽).

스피노자는 이스라엘 국가형성 방식에 대해 개괄한 다음, 이제 이 계획과 방법에 따른 국가 형성이 어떤 효력을 발휘했는가의 문제에 대해 고찰한다. 이는 다른 말로 유대국가의 흥망 원인에 대한 분석이다. 흥미 있는 것은 유대 국가 번영의 원인에 멸망의 씨앗이 함께 자라나고 있었다는 사실이다. 국가 성공의 원인이 실패의 원인으로 동시에 지목되고 있다. 그것은 바로 신정체제에서 종교적 사안을 주관하는 식으로 통치의 한 축을 맡았던 레위족의 역할이다. 레위족은 모세 사후 유대 국가에서 종교적 직책을 세습하며 모세의 형 아론부터 제사장을 배출한 부족이었다. 스피노자는 신을 섬기고 성전을 관리하는 종교적 업무를 특정 부족에게 전담하도록 한 조치가 발휘한 정치적 효과에 대해 통찰력 있는 분석을 이어 간다.

스피노자는 율법에 대한 전적인 해석이 국가 경영에는 관여하지 않으면서 율법 해석에 그들의 생계와 복지가 달려 있던 레위족에게 주어졌다는 사실에 의해 지휘관의 권력남용 가능성이 상당 정도 줄어들게 되었다고 긍정적으로 평가한다. 더구나 모든 이스라엘인들은 7년마다 특정 장소에 모여 레위족 제사장에게 율법을 배워야 했으며, 각 개인은 철저하게 율법서를 읽고 또 읽으라는 명령을 지속적으로 하달 받았다(328쪽). 따라서 지휘관이 민중에게 존경을 받고 '하느님 나라'의 행정관으로 간주되기를 바란다면, 또 그 자신을 위해서조차라도 모든 사안을 사람들에게 잘 알려져 있는 율법에 따라 통치할 수 있도록 세심한 주의를 기울여야 했다. 만약 그렇게 하지 않는다면, 그는 레위족 사제들로부터 가능한 모든 종교적 증오와 저주에서 헤어 나오지 못했을 것이다.

지휘관의 권력남용을 막을 수 있었던 주요 수단 가운데 하나는 이스라엘 군대가 20세부터 60세까지의 모든 시민으로부터 충원되었고 외국 용병의 고용이 절대 허용되지 않았다는 점에서 찾을 수 있다. 스피노자는 이러한 시민군 원칙이 대단히 중요하다고 강조한다. 왜냐하면, "군주는 용병의 도움으로만 민중을 억압할 수 있는 반면, 용맹과 노고 그리고 피로써 조국의 번영과 영광을 이룩한 시민군의 자유보다 더 가공할 만한 것은 없기 때문이다"(328쪽).

"우리는 또한 이스라엘 지휘관이 종교적 유대를 통해서만 연합할 수 있었다는 사실을 기억해야 한다. 따라서 이들 가운데 누구라도 계율과 종교를 어기고 신의 권리를 침탈할 경우, 그는 나머지 지휘관에게서 적으로 취급되어 합법적으로 진압 당했을지도 모른다"(328쪽).


그다음 억제책은 새로운 예언자가 출현할 것이라는 두려움에서 찾을 수 있다. 흠결이 없는 어떤 사람이 확실한 증표로써 자신이 진정한 예언자라는 것을 보여 줄 수 있다면, 그는 지휘관의 경우처럼 제사장의 중재를 통해서만 이야기를 나누는 것이 아니라 모세와 같이 자기에게만 계시를 하는 신의 이름으로 명령할 수 있는 최고의 권리를 갖게 된다. 민중이 현재 억압받고 있다고 한다면, 예언자는 쉽게 지지를 얻을 수 있으며, 별로 중요하지 않은 증표를 가지고도 그가 바라는 대로 민중을 설득할 수 있었을 것이다(328쪽).

한편, 각 부족의 지휘관들에 의해 통치가 적절하게 이루어지고 있다면, 지휘관은 예언자가 자신 앞에서 그가 흠결이 없는 사람인지 그가 신이 전하도록 명한 자신의 사명에 대해 확실하고 의문의 여지없는 증표를 소지하고 있는지 그리고 그가 신의 이름으로 전하고자 하는 가르침이 일반적으로 받아들여지고 있는 교리 및 법률에 저촉되지 않는지에 대해 조사받도록 할 수 있었다. 예언자의 신뢰성이 현저히 의심된다거나 그가 제시한 교리가 완전히 새로운 것이라면, 그에게 사형선고를 내리는 일 역시 법적으로는 아무 하자가 없었다. 요컨대, 새로운 예언자를 받아들이려 한다면, 그것은 전적으로 지휘관의 책임과 권위 아래 이루어져야 했다(328~329쪽). 요약하자면, 지휘관은 다른 사람에 비해 태생이나 혈통의 측면에서 우월하지 않았고, 나이와 개인적 자질이라는 이유 때문에 정부를 책임지고 다스릴 수 있었다.

끝으로, 지휘관과 군대 전체는 평화보다 전쟁을 선호할 어떤 이유도 가지지 않았다. 군대는 전적으로 일반 시민에 의해서 구성되었다. 한마디로, 전쟁과 평화의 문제 모두 시민의 손에 맡겨졌다고 할 수 있다. 군영의 병사는 광장의 시민이었으며, 장교는 법정의 재판관이었고 진지의 사령관은 국가의 통치자였던 셈이다. 따라서 누구도 전쟁 그 자체를 목표로 하는 전쟁이 아니라 오직 평화와 자유를 지키기 위한 전쟁만을 원할 수 있었다. 지휘관은 가능하다면 어떤 정치적 변화도 회피하려 애썼다. 그 이유는 대제사장에게 가서 자문을 구해야 하는 처지에 놓임으로써 자신의 위신에 손상을 가하지 않게 하기 위함이었다(330쪽).

스피노자는 지휘관의 권력 남용을 제한하기 위한 사전조치에 대한 언급은 이것으로도 충분하다고 말하고, 다음으로 민중의 육체와 정신을 규율하는 억제책에 대해 살펴본다. 이것 역시 유대 국가를 구성하는 기본 원리에 의해서 분명히 지시되고 있는 사안이다. 특히, 유난하기로 둘째가라면 서운할 정도의 이스라엘인들의 애국심이 단연 화제의 중심이다. 이스라엘인들은 자신의 권리를 신에게 양도한 후, 그들의 왕국이 신의 나라에 속하고 오로지 그들만이 신의 자손이라고 믿게 되었다. 반면, 다른 민족에 대해서는 아주 강도 높은 적개심을 가지고 신의 적으로 대했다. 이러한 이유에서 스피노자는 "이방인에게 충성을 맹세하고 복종을 약속하는 것보다 이스라엘인들에게 더 끔찍한 것을 생각할 수 없었으며 조국, 곧 그들이 숭배했던 신의 왕국을 배신하는 것보다 사악하고 혐오스러운 사태를 머리에 떠올릴 수조차 없었다"(331쪽)고 특별히 강조한다.

"이스라엘인들의 애국심은 통상적인 애국심을 넘어서 신에 대한 경건 그 자체였고, 애국심은 다른 민족에 대한 적개심과 함께 그들의 일상적 종교의식에 의해 유지, 강화되고 발전하여 불가피하게 그들 본성의 일부로 되어야만 했다. 일상적 종교의식은 그들을 아주 독특한 인간들로 만들어 타 민족과 완전히 구분되게 할 정도로 유별났을 뿐만 아니라 다른 민족과 완전히 대립하는 것이기도 했다. 마찬가지로 종교와 관련된 그와 같은 종류의 타 민족에 대한 일상적 배척 또한 가장 뿌리 깊은 종류의 영속적인 증오를 반드시 낳게 마련이었다. 그것은 모든 종류의 증오 중에서 가장 격렬하고 가장 끈덕진 것으로 강한 헌신이나 경건성에서 생겨나 경건 그 자체로 마음 깊숙이 간직되는 증오였기 때문이다. 또한 이것은 증오에 불을 댕기는 연쇄현상의 보편적 원인이라 할 수 있는 증오의 상호작용에 의해서 한층 강화되었다. 다른 민족 역시 유대인이 그렇게 하는 것과 동일한 정도로 그들에게 격렬한 증오를 품는 것은 정당했기 때문이다"(331~332쪽).

이 모든 요인, 곧 인간의 지배로부터의 자유, 조국에 대한 헌신, 다른 모든 사람이나 다른 민족에 대한 그들의 절대적 권리와 단지 용인될 뿐만 아니라 종교적 의무이기도 한 증오, 주변 모든 민족에 대한 적의, 그들의 단일한 관습과 종교의식 등이 한데 합쳐져 상상하기 힘들 정도로 가공한 효력을 발휘했다(332쪽). 게다가 그들 스스로 공동체 안에서 길러져 왔다고 할 수 있는 복종을 위해서 엄격한 훈련을 받아야 했으며, 율법이 정한 규칙에 따라 행동해야 했다. 자신이 원하는 때에 밭조차 갈 수 없었고, 오직 정해진 시기와 절기에 그것도 한 번에 오직 한 종류의 동물만 가지고 경작할 수 있었다. 사실상, 그들 전체의 삶의 과정은 복종을 익히는 오랜 학교라 해도 과언이 아니었다. 따라서 그것에 익숙한 사람에게 복종은 예종이 아니라 자유로 여겨졌으며, 금지된 것보다는 명령받고 허용된 것을 욕구하는 사태를 발생시켰음에 틀림없다(336쪽).

이스라엘 국가가 번영한 원인에 관해 설명한 후, 스피노자는 주제를 바꿔서 이스라엘 국가를 파멸에 이르게 한 원인에 관해 살펴본다. 그런데 만일 누군가 이스라엘인들이 다른 민족보다 완고했고 그것이 몰락을 가져온 가장 큰 이유였다고 한다면, 그 완고함은 민족성의 문제라기보다는 그들의 법이나 관습의 결함 탓으로 돌려야 할 것이다(335~336쪽).

"신이 만일 유대인들의 국가가 오래 지속되기를 바랐다면, 그들에게 다른 종류의 의식과 법을 주었을 것이며, 따라서 상이한 형태의 정부를 설립하도록 했을 것이다. 그러므로 우리는 그들의 신이, 예레미야가 말한 대로, 나라가 만들어졌을 때뿐만 아니라 그들의 법이 만들어진 바로 그 시점에서부터 이스라엘인들에게 격노했다고 할 수 있다"(336쪽).

이 말이 지닌 의미와 고대 이스라엘 국가의 파멸의 원인을 제대로 이해하기 위해서는 애초 사제직을 레위족 사람이 아니라 맏아들, 곧 장자에게 맡기려 했었다는 사실에 주목할 필요가 있다. 하지만, 레위족을 제외한 모든 종족이 황금 송아지를 숭배하게 된 바로 그때부터 각 집안의 장자는 부정 탔다고 해서 거부되었고 레위인들이 그들을 대신해 선택되었다.

신이 불같이 격노한 나머지, 민족의 영광과 복리, 안전을 증진시키는 것으로 이해돼 온 법이 복수와 처벌을 목적으로 만들어지게 된 결과, 율법이 유대인들에게는 민족의 안전이 아니라 고통과 형벌로 여겨지게 되었다. 사람들이 레위족 사람과 사제에게 바치도록 요구되었던 모든 예물들, 곧 장자의 죄를 대속해 주는 명목으로 레위족 사람에게 지급하기 위한 인두세, 그리고 레위족 사람만이 종교적 의식을 관장할 수 있는 특권을 누렸다는 사실, 이 모든 것은 그 민족에 대한 신의 항구적인 질책과 함께 그들이 부정을 저질러서 신에게 거부되었음을 항구적으로 일깨워 주는 것이기도 했다(337쪽).

이로부터 자신들과 아무런 혈연관계도 없는 레위족을 부양해야 할 의무가 일반 시민들에게 주어졌다. 모든 게 풍요로울 때야 상관없겠지만 식량이 귀할 때 이 의무는 준수하기 대단히 어려웠음에 틀림없다. 더 이상 놀라운 기적도 없고 뛰어난 지도자도 나타나지 않는 평범한 시기에는 민중의 사기가 불만과 탐욕에 의해 쇠약해지면서, 신성하기는 했지만 대단히 굴욕적이며 적대적이기조차 한 신에 대한 숭배를 버리고 새로운 대안을 추구하게 되었다.

"국가가 만일 애초에 의도했던 대로 구성되었더라면, 모든 부족은 평등한 권리와 명예를 누렸을 것이며 국가 전체의 토대 또한 확고했을 것이다. 그 누가 자신의 일가친척에게 속해 있는 종교적 권리를 침해하기를 바라겠는가? 종교적 의무를 충실히 수행하면서 자신의 형제, 부모를 부양하는 것보다 인간에게 바람직한 일이 무엇이 있겠는가? 그들에게서 법률에 대한 해석을 익히며 법을 통해 신의 응답을 받는 것을 그 누가 기뻐하지 않겠는가?"(337~338쪽)

이것은 오늘날 민주주의의 기초로 간주되는 '기회의 평등'을 스피노자 식으로 풀어쓴 것이다. 모든 부족이 사제직에 대해서 똑같은 권리를 가졌다면 그들은 더욱 밀접하게 결속되었을지도 모른다. 만일, 신이 격노해서 복수할 목적으로 레위족을 선택하지만 않았다면 모든 위험을 피할 수도 있었을는지도 모른다. 하지만, 이스라엘인들은 신을 격노케 했다. 에스겔이 말한 바와 같이, 신은 모든 장자를 거부함으로써 그들의 예물을 더럽혔는데 이는 그들 전체를 멸망하게 하기 위함이었다는 것이다(338쪽).

에스겔의 이 말은 성서에 나오는 역사 이야기에 의해서도 또한 확인된다. 이스라엘 민중은 광야에서 편안하고 풍족한 삶을 영위할 수 있게 되자, 그들 가운데 귀족적 성향의 사람들은 레위족이 사제로 영구히 선택된 것에 대해 반기를 들었다. 그들은 모세가 자기 부족을 신의 종으로 선택하고 자기 형에게 대제사장직을 영원히 부여했다는 사실에서 신의 명령이 아니라 모세 마음대로 행동했다고 믿을 수 있는 근거를 발견했다. 따라서 그들은 모세에게 달려가서 소요를 일으켰고, 모두가 똑같이 신성하며 그가 다른 모든 사람보다 높여지는 것은 잘못되었다고 소리쳤다.

모세는 결코 그들을 이성적으로 진정시킬 수 없었다. 예의 기적이 그의 종교적 충실함의 증표로 개입했으며 그들은 모두 죽임을 당했다. 그런 직후, 전체 민중 수준에서 새로운 반란이 일어났는데, 그들은 앞서 죽임을 당한 사람들이 신의 심판이 아닌 모세의 계략에 의해 그렇게 되었다고 생각했다. 대규모 살육과 전염병으로 인해서 소요사태는 진정 기미를 보이기는 했으나, 사람들은 그와 같은 조건에서 사느니 차라리 죽겠다는 태도를 보이는 지경에까지 이르게 되었다(338쪽).

스피노자는 이 시기는 조화의 회복보다는 반란이 그냥 멈추게 되었다고 말하는 것이 더욱 정확할 듯싶다고 주장한다. 이것은 「신명기」 31장 21절에 나오는 말에 의해서도 잘 확인된다. 거기에서 신은 모세 사후 사람들이 신에 대한 숭배를 저버리게 될 것이라고 예언하면서, 다음과 같이 모세에게 말한다. "비록 내가 아직 약속한 땅으로 그들을 인도하기 전이지만, 지금 그들이 품고 있는 생각이 무엇인지를 나는 알고 있다." 그리고 잠시 후에(「신명기」 31장 27절) 모세는 이스라엘인들에게 다음과 같이 말한다. "내가 당신들의 반항심과 센 고집을 알고 있소. 지금 내가 살아 있어서 당신들과 함께 있는 데도 당신들이 주님을 거역하거늘, 내가 죽은 다음에야 오죽하겠소"(339쪽).

"우리 모두가 알고 있는 바와 같이, 이것은 실제로 발생한 일이다. 거대한 격변과 무제한적인 방종과 나태, 그리고 냉혹

함이 자라났다. 사태는 점점 악화일로를 걷게 되었고, 마침 내 그들은 몇 차례 다른 민족에게 정복된 후에 신의 권리와 단절하고 인간을 왕으로 삼고자 했다. 통치의 중심은 이제 성전보다는 궁정이 되었으며, 모든 부족은 더 이상 신의 권리와 대제사장직과의 관계가 아닌 그들 왕과 관련해서만 동료시민이 될 수 있었다"(339쪽).

스피노자에 따르면, 이로부터 새로운 반란을 위한 광대한 소재가 만들어졌고, 궁극적으로 국가 전체의 몰락으로 이어졌다(339쪽). 왕은 무엇보다 불안정한 지배를 싫어하며 자신의 지배권에 도전하는 사태를 결코 용납하지 않으려 했다. 평민신분에서 선택된 최초의 왕은 자기가 도달한 현재의 지위에 만족했다. 하지만, 세습권에 의해 즉위한 왕의 아들은 절대 권력을 자신의 수중에 넣기 위해 점차 제도적 변화를 꾀하려고 했다. 왕은 입법에 대한 권리가 자기수중에 있지 않고 법을 성역 안에 보호하며 민중에게 해석해 주는 대제사장에 의해 행사되는 한 권력의 완전한 장악이 불가능하다는 사실을 깨달았다. 왕은 신민 못지않게 법에 의해 구속되었으며, 그것을 폐지하거나 똑같은 권위를 지닌 새로운 법을 제정할 수 없었다. 더구나, 그들은 신민과 마찬가지로 신과 관련하여 불경한 존재로 취급되었기 때문에 레위인들에 의해 종교와 관련된 업무를 관장할 수 없도록 제약되었다.

"왕의 통치의 안전은 어떤 비범한 사람이 예언자로 출현한다면, 예언자 한 사람의 의지에 전적으로 의존할 수밖에 없었다. 이 같은 사실을 입증해 주는 단적인 예로 우리는 사무엘을 들 수 있다. 사무엘이 얼마나 철저히 사울 왕에게 명령을 내릴 수 있었으며, 그리고 단 한 번의 불복종만을 이유로 통치권을 얼마나 쉽게 다윗에게 넘겨주었는가를 통해 왕들은 그러한 사실을 잘 알 수 있었다. 그들은 자기의 왕국 안에 또 하나의 국가, 곧 신의 왕국이 존재하고 있음을 알았으며, 같은 이유에서 불안정한 권력을 행사할 수밖에 없었다"(340쪽).

권력행사의 결점을 극복하기 위해서 왕은 신을 봉헌할 수 있는 다른 성전을 허용하기로 했다. 이는 더 이상 레위인들에게 조언을 구할 필요가 없게 하기 위함이었다. 그들은 또한 진정한 예언자에게 맞서고 자기만의 앞잡이를 구하기 위해 신의 이름으로 예언하는 다른 사람을 충원했다. 하지만, 모든 노력에도 불구하고 목적을 달성할 수 없었다. 왜냐하면, 모든 위기상황에 대처할 준비가 되어 있던 예언자는 전임 왕에 대한 기억이 생생하게 남아 있는 한 언제나 불확실하기 마련인 후계자가 왕위에 오른 지 얼마 안 되는 시점에 자신에게 우호적 기회를 언제나 엿볼 수 있었기 때문이다(340쪽).

바로 그러한 때, 다시 말해서 새로운 왕이 즉위하자마자 예언자는 자신이 부여받은 종교적 권위를 총동원하여 새 왕은 폭군이라고 선언할 수 있었으며, 뛰어난 덕을 가진 인물로 하여금 신권을 옹호하게 함으로써 통치권 전체나 일부를 합법적으로 요구할 수 있는 뛰어난 덕을 지닌 인물을 가공해 낼 수 있었다. 그럼에도 불구하고, 예언자 또한 이러한 방식으로 완전한 성공을 거두지는 못했다. 그들이 폭군을 제거할 수 있었다 하더라도 수많은 시민의 피를 대가로 새로운 전제군주를 취임시키는 것 이상의 일은 할 수 없었던 근본원인이 그대로 남아 있었기 때문이다. 불화와 내란이 그치지 않았다. 신의 권리를 침해한 원인은 언제나 남아 있었고, 이것은 오직 국가의 완전한 개조를 통해서만 제거될 수 있는 성질의 것이었다(340~341쪽).

스피노자는 입법자인 신의 분노가 모세에 의해 만들어진 신정국가의 모습을 지속하는 일을 허용했다 하더라도 그 국가가 무한히 지속될 수는 없었을 것이라고 결론짓는다(341쪽). 유대 국가에서 종교가 도입된 경위를 종합해 보았을 때, 신권 또는 교권이란 특정 계약에서 비롯된다는 점은 명백해졌다. 그러한 계약 없이 자연권을 제외한 어떤 권리도 존재할 수 없었다. 바로 이것이 이스라엘인들에게는 자기 동료 시민 이외의 다른 민족에 대해서는 경건과 자비를 실천하는 것이 종교적 의무로 요청되지 않았던 가장 큰 이유였다.

지금까지 서술한 유대 국가의 주요 특징을 요약하면 다음과 같다. 첫째, 신의 나라, 곧 신정국가적 특성은 주권을 부여받은 지상의 통치자를 선출하는 행위에 의해서도 결코 침해받지 않았다. 이스라엘인들은 자기의 권리를 신에게 먼저 양도한 다음에 모세에게 통치할 수 있는 최고권을 부여했기 때문이다. 둘째, 모세는 이 과정을 통해 신의 이름으로 법을 제정하고 폐지하며 사제를 선택하고 재판하며 사람을 가르치고 처벌할 수 있는, 사실상 절대군주의 대권과도 같은 권한을 부여받았다. 셋째, 사제가 법의 해석자였다 하더라도 시민을 재판한다거나 추방할 수 있는 권리를 갖지는 못했다. 이 권리는 오직 민중 가운데 선출된 재판관과 지휘관에게만 속했다(344쪽).

성서를 통해 고찰된 유대 국가의 역사로부터 스피노자가 다른 무엇보다 주목할 가치가 있다고 말한 내용은 다음과 같다.

먼저 유대 국가에서 종교적 파벌, 곧 종파가 생겨난 유래에 관해서다. 이스라엘 국가의 역사는 모세의 국가 설립 이후 바빌론으로 잡혀가기 전까지의 제1차 국가 시대와 바빌론에서 돌아온 이후 로마에게 멸망하기까지의 제2차 국가 시대로 나뉜다. 스피노자가 보기엔, 제1차 국가시대에는 어떤 종교적 파벌도 존재하지 않았다. 대제사장이 법을 공포하고 정무를 집행할 수 있는 권한을 획득한 제2차 국가

시대에 종파가 발생했다. 어떻게 이런 일이 발생했는가?

첫 번째 국가 단계에서는 어떤 법령도 대제사장의 이름으로 취해질 수 없었다. 그들은 법령을 공포할 권리를 지니지 않았으며, 지휘관이나 평의회가 요청한 질문에 대해서 신의 답을 전할 권리만을 보유했다. 따라서 그들은 세속권과 종교적 권한을 분리한 기존 법률을 변경하고자 하는 어떤 시도도 하지 않았다. 그 결과, 제사장들이 지휘관의 의사에 맞서 자유를 보존할 수 있는 유일한 수단은 법을 손대지 않고 그대로 두는 것에 한정될 수밖에 없었다 (344~345쪽).

그런데 대제사장이 정무를 집행하는 권한을 획득함으로써 이미 지니고 있던 고유 권한에다가 세속적 지배자의 권한을 더하게 되자 그들은 종교적 문제와 세속적 문제에 걸쳐 자기숭배를 꾀하기 시작했다. 그들은 모든 사안을 성직자의 권위에 의해 해결했고, 종교의식과 신앙 그리고 그 밖의 모든 영역에서 새로운 법령을 공포하면서 그렇게 만들어진 법률에 모세의 권능과 버금갈 정도의 신성함과 권위가 부여되기를 갈망했다. 그 결과, 종교는 수준 낮은 미신의 수준으로 격하되었다(345쪽). 법의 올바른 해석과 참된 의미 또한 타락하기 시작했는데, 바로 이 과정으로부터 저마다 자신의 종교 해석이 옳다고 주장하는 종교적 분열이 발생했다.

한편, 왕보다 민중이 주권을 보유하던 시기에 평화가 더 잘 유지될 수 있었다. 이때는 단 한 차례의 내전만이 발생했다. 또한 승리자가 패배자에 대해 관용을 베풂으로써 내전이 완전히 종결되었으며, 정복당한 쪽 역시 전력을 다해서 이전의 위엄과 권력을 회복하려 했다는 점은 주목할 만하다. 군주에 익숙하지 않던 민중이 국가형태를 민주정에서 군주정으로 변화시킨 후에는 내란이 끊이질 않았고, 내란을 통해 발생한 전쟁의 양상 역시 이전의 모든 전쟁기록을 넘어서는 처참함을 보여 주었다(347쪽).

민중이 권력을 쥐고 있는 동안에는 법은 타락하지 않은 채 지속되었으며 확고히 준수되었다. 왜냐하면, 군주정 이전에는 적은 수의 예언자만이 민중에게 충고했던 반면, 군주정 수립 후에는 수많은 예언자가 한꺼번에 생겨났기 때문이다. 민중은 왕이 권력을 행사하기 전까지는 거짓 예언자에게 기만당하지 않았다. 또한 주변 환경의 변화에 따라서 종종 마음이 거만해지거나 겸손해지기도 하는 민중은 불행이 닥쳤을 때 스스로를 올바로 곧추세웠으며, 신에게 귀의함과 동시에 신의 법을 복구하여 자기 힘으로 곤경에서 벗어났다. 하지만, 항상 거만하며 굴욕을 당하지 않고서는 자신의 잘못을 결코 교정하지 못했던 왕은 도시가 완전히 파괴될 때까지 그들의 악덕을 완고하게 고집했다(348쪽).

지금까지의 고찰로부터 다음과 같은 사실을 알 수 있다.

첫째, 법령을 공포하거나 국무에 관여할 수 있는 권력을 사제에게 부여하는 경우, 종교와 국가 모두에 막대한 피해를 끼친다. 이와 달리, 오직 요청이 있을 경우에만 사제가 온당하게 답하며, 대체로 관습적으로 인정돼 온 교리만을 사제가 가르치고 실천하도록 한다면 나라의 안정은 보다 잘 보장된다(349쪽).

둘째, 사변적이며 분쟁을 촉발할 가능성이 있는 사안을 신의 권리로 돌려 종교재판에 회부하는 것은 대단히 위험한 발상이다. 가장 폭압적인 정부는 개인의 자유로운 견해를 범죄로 취급하는 정부다. 왜냐하면, 모든 사람은 양심과 사상의 자유라는 양도할 수 없는 권리를 가지고 있기 때문이다. 억압적 상황에서는 가장 난폭한 인간의 정념이 지배권을 획득할 것이다. 그러므로 이 해악을 피하기 위한 국가의 가장 안전한 조치는 종교적 경건은 오직 행위, 곧 자비와 정의의 실천에 놓이게 하며, 그 밖에 다른 문제에 관해서는 사람들이 자유롭게 판단하도록 내버려 두는 것이다 (349~350쪽).

셋째, 무엇이 합법이며 무엇이 불법인가를 결정할 수 있는 권리를 최고 권력인 주권자에게 부여하는 게 국가와 종교 모두의 이익에 합치한다. 어떤 행위에 대한 판결을 내릴 권리가 신적 능력을 타고난 예언자에게 부여되는 경우조차 국가와 종교에게 심대한 해를 끼쳤다고 한다면, 하물며 미래를 예언할 수도 기적을 행할 수도 없는 사제들에 대해서는 두말할 필요조차 없다(350쪽).

넷째, 왕정에 익숙하지 않으며 이미 잘 확립된 법을 가지고 있는 민족에게 군주정을 수립하려는 시도는 커다란 재앙이 된다. 대중들이 그러한 통치를 기꺼이 감내하기란 결코 쉽지 않다. 군주 또한 자기보다 열등한 권위를 지녔다고 생각하는 누군가에 의해서 제정된 민중의 법과 권리를 그대로 용인할 수는 없다. 어떤 왕도 그러한 법을 쉽게 지지하리라고는 기대할 수 없다. 왜냐하면, 그러한 법률은 군주의 지배를 공고히 하기 위해서가 아니라 스스로를 주권자로 여겼던 민중이나 민주적 평의회를 위해 만들어진 것이기 때문이다(350쪽).

# 7장
## 정치와 종교:
"종교 문제에 관한 권리는
전적으로 주권자에게 부여되어야 한다"

우리는 다시 한 번 스피노자가 인간욕구의 가치 있는 대상으로 세 가지 사항을 지목한 사실을 기억할 필요가 있다. 그 가운데 자연권과 민주주의를 핵심으로 하는 정치학은 바로 '안전하고 건강한 삶을 영위하는 문제'와 관련된다. 그렇다면 어째서 스피노자는 『정치학논고』와 같은 저술을 바로 하지 않고, 가치 있는 인간욕구 대상으로 설정조차 하지 않은 종교와 신학의 문제에 대해 장황하게 논한 후에 『신학정치론』 후반부에서야 비로소 국가 형성과 같은 정치학적 주제를 검토했느냐 하는 것이다. 스피노자가 학문적으로

별 관심도 없던 신학적 주제에 관해 장문의 글을 긴급히 쓰게 된 이유는 무엇보다 당시 네덜란드의 정치상황과 관련된다.

가장 직접적인 이유로 절친이자 사상적 동반자였던 아드리안 쿠르바흐에게 가해진 종교적 탄압과 이로 인한 그의 죽음을 들 수 있다. 법률가이자 의사였던 쿠르바흐는 급진적 민주주의자이며 세속주의자였다. 관용이 넘치는 자유공화국의 미덕을 확신했으며, 교회권력이 국가권력을 침해하는 것의 위험성을 경고했다. 그런데 쿠르바흐는 중대한 실수를 저질렀다. 교권주의자들이 보기에 신성모독으로 몰아붙일 만한 주장이 담긴 책을 출판했다. 더욱이 네덜란드어로 출판했기 때문에 일반적인 그리고 감수성이 예민한 대중들이 쉽게 읽을 수 있었다.

게다가 『온갖 종류의 사랑으로 이루어진 꽃동산』이라고 이름 붙인 책 표지에 자신의 실명을 넣음으로써 교회 권력자들이 그를 더욱 쉽게 괴롭힐 수 있도록 했다. 암스테르담 시의회는 그 책을 압수하기 위해 수거를 지시했고, 사건을 기소하는 일은 암스테르담 감찰관인 코르넬리우스 비천에게 넘어갔다. 비천의 체포령을 피해 도망 다니던 쿠르바흐는 1668년 7월, 1500길더 현상금에 눈이 먼 친구의 배신으로 레이던에서 붙잡혔고, 그 후 사슬에 묶인 채 근접감시를 받으면서 암스테르담으로 송환됐다(내들러, 87쪽).

일련의 심문 끝에 쿠르바흐는 자신이 문제를 일으킨 책들의 유일한 저자라는 것뿐만 아니라 예수의 신성과 마리아의 처녀성을 부인한다는 것을 자백했다. 이에 암스테르담 법원의 치안판사는 그의 유죄를 인정하고 10년 구금 이후 10년 추방, 4000길더 벌금형에 처했다. 쿠르바흐는 모진 심문으로 얻은 병세가 악화되어 옥살이를 견뎌 내지 못했다. 그러다가 감옥에 갇힌 지 일 년 남짓 지난 1669년 10월 5일에 사망했다. 그의 나이 36살이었다.

1669년 쿠르바흐가 사망했을 때, 스피노자는 훌륭한 동료이자 철학적, 정치적 길동무이며, 종파주의와 미신에 대한 그의 운동에 참여했던 용감한 협력자를 잃었다. 그러나 그것은 단순히 개인적인 비극만은 아니었다. 스피노자는 쿠르바흐의 감금을 네덜란드 공화국의 자유의 원리들에 대한 반동으로 인식했다(내들러, 91쪽). 그래서 스피노자는 한

편지에서 자신이 『에티카』 저술을 미뤄 둔 채 『신학정치론』
을 쓰게 된 이유에 대해 다음과 같이 밝혔다.

"나는 지금 성서와 관련된 입장을 밝히는 글을 쓰고 있습니
다. 이렇게 된 이유는 다음과 같습니다.

1. 신학자들의 편견. 사람들이 철학에 집중하는 것을 방해하
   는 중요한 장애물은 신학자들입니다. 나는 그 편견을 드
   러내어 지각 있는 사람들에게서 그것을 제거하는 데 전념
   하고자 합니다.

2. 나를 무신론자라고 끊임없이 비난하는 일반인들의 주장.
   할 수 있는 한, 나는 이런 비난을 막아야 하는 상황에 처해
   있습니다.

3. 철학적으로 사고하는 자유와 우리가 생각하는 것을 말하
   는 자유. 나는 이것을 전적으로 변호하고자 합니다. 왜냐
   하면, 설교자들의 과도한 권위와 이기주의가 모든 방면에
   서 이를 억압하고 있기 때문입니다"(Spinoza, 2002: 844쪽).

이제 스피노자가 『신학정치론』을 쓰게 된 이유가 보다 분

명해졌다. 특히, 정치와 관련된 부분을 추가한 이유 역시 명료해졌다. 그것은 다름 아닌 철학적으로 사고하는 자유와 우리가 생각하는 것을 말하는 자유를 전적으로 변호하기 위함이다. 이를 현대적으로 표현하면 종교의 자유를 포함한 표현의 자유를 옹호하기 위한 것으로 요약할 수 있다. 그렇다면 마지막으로 남는 문제는 신학적 주제를 국가와 자연권과 같은 정치적 주제와 어떻게 연관시킬 수 있느냐 하는 것이다. 신학과 정치학을 매개하는 개념이 바로 종교와 판단의 자유다. 종교의 자유와 같은 당시의 첨예한 정치 쟁점에 대한 해명을 통해 스피노자의 정치학은 시험에 들었다고 할 수 있다.

스피노자는 "종교 문제에 관한 권리는 전적으로 주권자에게 부여되어야 하며, 신을 올바르게 섬기고자 한다면 종교가 외적으로 표출되는 예배 형식은 공적 평화와 일치해야 한다"는 명제를 증명하는 것으로부터 표현의 자유의 문제를 풀어 간다. 주권을 보유한 사람이 모든 것에 대한 권리를 지니며, 모든 권리는 그들의 정치적 결정에 의존한다고 했을 때, 그것은 세속적 권리뿐만 아니라 영적, 종교적 권리를 함께 의미한다. 그 이유는 영적, 종교적 권리의 경우에서도 주권의 보유자는 해석자이자 수호자이어야만 하기 때문이다(354쪽).

종교는 오직 주권적 명령을 통해서만 실질적 힘을 얻을 수 있다. 신은 세속적 통치자를 통해 다스리는 것 외에 인간 사이에 그 어떤 나라도 지니지 않는다. 게다가, 종교 의례와 경건의 외적 준수는 공공의 평화와 복리에 일치해야 하며, 따라서 그것은 오직 주권자에 의해서 결정되어야 한다. 스피노자는 여기서 단지 경건의 외적 준수와 종교의 외적 의례에 관해서만 언급할 뿐, 경건 그 자체와 신에 대한 내적 숭배 및 우리의 정신으로 하여금 성심을 다하여 신을 공경하도록 이끄는 내적 수단에 대해선 언급하지 않겠다고 한다. 그 이유는 신을 마음으로부터 섬기는 신앙과 경건 그 자체는 다른 사람에게 양도할 수 없는 모든 사람의 개인적 권리에 속하기 때문이다(355쪽).

스피노자는 종교의 본질인 정의와 자비가 오직 통치자의 권리를 통해 법과 권리라는 실질적 힘을 획득할 수 있다는 사실을 입증하는 데 주력한다. 이럴 경우, 통치권은 주권을 보유한 사람에게만 있기 때문에 종교는 오직 명령권을 가진 사람에 의해서만 권리를 통한 실질적 힘을 획득할 수 있으며, 신은 지상의 군주를 도구로 해서만 인간을 다스린다고 결론 내릴 수 있다. 그렇다면 종교와 관련된 인간의 권리가 어떻게 주권자에게 전적으로 부여되어야 하는가를 증명하는 게 관건이다.

종교란 어떻게 생겨났는가? 만인이 그 스스로 심판관인 자연권에 의거하여 살아가는 자연상태에서 종교는 존재할 수 없었다. 만물은 보편적으로 자연에 공통된 법칙에 따라 발생하며 정의와 자비의 어떤 가능성도 없기 때문에 인간의 죄가 자연상태에는 존재하는 것으로 생각할 수 없다. 따라서 신 또한 인간의 죄를 벌하는 재판관으로 간주할 수 없다. 진정한 신의 교리가 명령, 곧 법적 힘을 절대적으로 지니기 위해서는 모든 사람이 자신의 자연권을 포기해야 하고, 자신의 권리를 주권자에게 양도해야 한다. 그리고 그제야 비로소 무엇이 올바르고 무엇이 그른가, 무엇이 평등이고 무엇이 불평등인가에 대한 형상이 우리의 머리에 처음으로 떠오르게 되며, 또한 그럴 경우에만 종교 역시 생겨나

게 된다(356쪽).

본질적으로나 시간적 선후관계에서나 자연상태가 종교에 앞선다. 사도 바울을 인용하자면 자연상태에서 신에게 복종해야 한다는 것을 천부적으로 아는 사람은 아무도 없다. 그러므로 신의 계시 이전에는 누구도 알지도 못하는 신성한 법에 구속될 필요는 없다. 우리는 자연상태와 종교상태를 혼동해서는 안 된다. 자연상태에서는 종교도 법도 존재하지 않기 때문에, 자연상태에서는 죄도 잘못도 없는 것으로 간주해야 한다(305~306쪽).

스피노자는 자연상태가 신법의 계시보다 앞서 존재하며 계시가 결여되었다고 간주하는 것은 단지 우리가 무지해서 그런 것만은 아니라고 주장한다. 계시와 종교의 결여는 모든 인간이 태어날 때부터 지니게 되는 자유와 관련된 것이다. 인간이 태어날 때부터 '신법'에 구속된다거나 신법이 계시를 통하지 않고 인간의 천성에 의해 획득될 수 있는 것이라고 한다면, 신이 인간과 계약을 맺고 맹세와 동의로써 거기에 그를 구속시킬 필요가 굳이 있었겠는가? 따라서 신법이란 인간이 어떤 명시적 계약을 통해 신에게 절대복종하겠다고 동의함으로써 천부의 자유를 포기하고, 국가를 형성할 때 묘사했던 것과 마찬가지로, 자기의 권리를 신에게 양도할 때나 발생할 수 있음을 인정해야 한다(305~306쪽). 우리는 종교가 어떤 방식으로 그리고 누구의 결정에 의해 법적 권능을 획득하기 시작했는가를 보여 주기 위해 고대 이스라엘 국가를 사례로 들 수 있다.

고대 이스라엘 국가에서 정치적 주권의 소유자는 세속법뿐만 아니라 종교적 법령의 수탁자이자 해석권을 지닌 자라는 사실, 그리고 그들만이 유일하게 무엇이 정당하고 부당한가, 무엇이 경건하고 불경한가를 결정할 수 있는 권한을 지녔었다. 모세는 오직 이스라엘인들이 신에게 권리를 양도한 바로 그때부터 절대적 통치자가 되었으며, 신은 그를 통해서만 이스라엘인을 다스렸다. 같은 이유에서, 국가의 몰락 이후 유대인의 계시 종교는 더 이상 법적 힘을 갖기를 멈추었다(357쪽).

결론적으로 고대 이스라엘 국가의 역사, 정의와 이웃에 대한 자비를 포함하여 참된 이성이 가르치는 모든 교훈은 국가의 권리, 곧 지배권을 가진 사람의 명령에 의해서만 법적인 힘을 획득한다는 것을 알게 해 준다. 신의 왕국은 정의와 자비 혹은 진정한 종교에 적용되는 권리에 전적으로 놓여 있는 만큼, 신의 왕국은 오직 주권이라는 수단을 통해서만 인간세계에 존재할 수 있다(356쪽).

공공복리와 국가의 안전을 위해 무엇이 필요한지를 결정하며 그에 의거해서 명령을 내리는 것이 주권자의 가장 큰 임무이다. 우리 이웃에 대한 의무의 한도를 결정하는 것, 다른 말로 우리는 얼마나 신에게 복종해야 하는가를 결정하는 것 역시 주권자의 임무이다. 이제 우리는 주권자가 왜 종교의 해석자인가를 분명히 이해할 수 있게 되었다. 나아가 "어떤 사람이 행하는 종교적 경건의 실천이 공공복리에 일치하지 않는다면, 따라서 결과적으로 그가 주권자의 모든 명령에 사실상 복종하지 않는다면, 그 누구도 신에게 올바르게 복종할 수 없다는 것을 알 수 있다"(360쪽).

이제 스피노자가 신학과 종교의 문제를 심도 있게 논의한 이유가 보다 분명해졌다. 그것은 바로 종교의 설립이 국가가 제정한 법령에 의해서만 그 존재를 인정받았듯이 종교의 자유 역시 주권자의 명령에 의해서만 유일하게, 그리고 무엇보다 안전하게 보장받을 수 있다는 것이다. 하지만 종교의 자유의 근거가 되는 생각의 자유는 일종의 자연권에 속한다. 다시 말해서, 특정 신을 경배하고 섬기는 것이 개인의 자연권이듯이 신을 섬기지 않을 자유도 자연권인 것이다. 그래서 스피노자는 "어느 누구도 자신이 원하는 대로 판단하고 생각할 수 있는 자유를 포기할 수 없으며 그리고 모든 사람은 결코 파기할 수 없는 자연권에 의거한 자기 생각의 주인이기 때문에, 상상하기 힘들 정도의 재앙이 따르지 않고서는 다양하고 심지어는 상충된 방식으로 사고하는 민중을 오직 최고 권력자의 명령에 따라 말하도록 강요할 수만은 없다"(372쪽)고 말하는 것이다. 이때, 가장 폭압적인 정부란 자신이 생각한 것을 가르치고 말할 수 있는 자유를 개인에게서 박탈하는 정부일 것이며, 또한 가장 온건한 정부는 이 같은 자유를 용인하는 정부이다.

"국가의 궁극적 목표는 공포에 의해 지배하거나 인간을 억누르고 복종을 강요하는 것이 아니라, 그와는 정반대로 모든 사람을 공포에서 벗어나 가능한 한 안전하게 살 수 있도록 해야 한다는 데 있다. 다시 말해서, 자기 자신은 물론 타인에게 해를 끼치지 않으면서 자신이 존재하고 활동할 수 있는 자연권을 강화해 주는 것이 국가설립의 목표라 하겠다. 그러므로 국가의 목적은 인간을 이성적 존재에서 야수나 꼭두각시로 개조하는 것이 아니라, 자신의 정신적 신체적 능력을 안전하게 발전시키고 그들의 이성을 제한 없이 사용하도록 하려는 데 있다. 그것은 또한 증오와 분노 혹은 기만에 의해 촉발된 투쟁과 상호비방을 억제할 수 있도록 하는 것이다. 요컨대, 국가의 진정한 목적은 자유다"(373쪽).

여기서 국가의 설립이유가 자연권, 곧 보편적 자유를 보다 잘 향유하도록 하는 데 있다는 스피노자 정치사상의 핵심적 내용을 거듭 확인할 수 있다. 이러한 견지에서, 좋은 정부란 신앙의 자유 못지않게 철학적 사유의 자유를 허용할 것이라는 점에는 추호의 의심조차 없다. 만일 종교, 철학, 언론 등 보편적 자유를 억압하는 법을 제정할 경우, 그 법은 국가를 크게 위태롭게 하지 않고서는 결코 지속될 수 없으며, 전혀 쓸모없다. 왜냐하면, 법에서 금지한 신념을 타당하다고 여기는 사람은 그 법에 결코 복종하지 않을 것이기 때문이다.

"사람들에게 모두 똑같이 말하도록 강제하는 일은 도저히 불가능하다. 지배자가 언론의 자유를 없애려 하면 할수록 그들은 더욱 더 완강한 저항에 직면할 것이기 때문이다. 사실, 이같이 저항하는 사람은 탐욕스러운 자, 아첨꾼 그리고 돈주머니를 기쁜 듯이 바라보면서 자신의 배를 채우는 데 최상의 구원이 있다고 생각하는 멍텅구리가 아니라, 양질의 교육과 건전한 도덕 그리고 덕성으로 인해 보다 자유롭게 된 시민이다"(377쪽).

자유국가라면 결코 억압될 수 없는 '판단의 자유'를 없애려고 헛되이 애쓰는 자야말로 평화를 이루는 데 진정 방해가 되는 사람이다. 스피노자는 "이러한 선동가에게 굴복하지 않으려면, 무슨 일이 있어도 반드시 판단의 자유를 인정해서 사람들의 견해가 아무리 다양하고 심지어 공개적으로 상충된다 하더라도 조화롭게 더불어 살아갈 수 있도록 해야 한다"(380쪽)고 힘주어 말한다.

이러한 정부형태가 최선이며 불이익이 가장 적다는 것은 명백하다. 왜냐하면, 이러한 체제야말로 인간의 본성과 가장 잘 조화를 이룰 수 있기 때문이다. 자연상태에 가장 근접한 정부형태라 할 수 있는 민주정에서 모든 사람은 자신의 행위에 대하여 국가권력의 통제를 받아들이지만, 그 승인은 자신의 판단과 이성에 따라 이루어진다. 사람들이 똑같이 생각할 수는 없기 때문에 구성원 다수가 지지하는 제안이 법령의 힘을 갖게 된다는 것에는 동의하지만, 이와 동시에, 더 나은 대안을 알게 되는 경우에는 법을 폐지할 수 있는 권위를 보유한다. 자유롭게 판단할 수 있는 능력이 억제되는 것에 비례해서 우리는 그만큼 인간의 자연적 조건으로부터 멀어지며, 그 결과 정권은 더욱 더 억압적으로 된다.

스피노자는 정치와 종교의 관계에 관한 논의를 토대로 다음과 같이 결론짓는다.

첫째, 사람들로부터 자신이 생각한 것을 표현할 수 있는 자유를 빼앗는 일은 불가능하다.

둘째, 표현의 자유는 주권자의 권리와 권위를 침해하지 않으면서도 모든 사람에게 부여될 수 있다. 그리고 어떤 사람이 국가에 새로운 권리를 도입하려 하거나 기존에 확립된 법을 위반하는 정도까지 나아가지 않는다면, 모든 사람은 주권자의 권리를 침해하지 않으면서 표현의 자유를 보존할 수 있다.

셋째, 모든 사람은 공공의 평화를 위태롭게 하지 않으면서도 표현의 자유를 향유할 수 있다. 그리고 이 자유로부터 발생할 수 있는 그 어떤 불편도 쉽게 제어할 수 있다.

넷째, 모든 사람은 국가와 주권자에 대한 충성을 훼손하는 일 없이, 표현의 자유를 향유할 수 있다.

다섯째, 사변적 혹은 인간정신과 관련된 문제를 다루는 법률은 아무 효력도 발생하지 못한다.

여섯째, 표현의 자유는 공공의 평화, 경건, 주권자의 권리를 해치지 않으면서 부여될 수 있을 뿐만 아니라 이것을 잘 보존하기 위해서라도 반드시 부여되어야 한다. 이와는 정반대의 조치가 취해짐으로써 사람들에게서 사상과 표현의 자유를 박탈하려고 시도하며, 오직 잘못을 범할 수 있는 특정 행위뿐만 아니라 그가 지닌 신념이 문제되어 재판에 회부된다면, 희생자에게 순교자의 외양을 띠게 하여 사람들을 공포에 떨게 하기보단 그에 대한 연민과 복수의 감정을 유발하는 데 더 기여할 뿐이다(382쪽).

『신학정치론』은 다음과 같은 내용을 증명했다.

"정부는 모든 사람이 자기가 바라는 것을 자유롭게 생각하고 자기가 생각한 것을 말할 수 있게 해 주어야 한다. 그렇게 함으로써 정부 역시 자신의 권리를 가장 잘 보유할 수 있을 뿐만 아니라 국가도 안전하게 보존할 수 있다"(19쪽).

지금까지의 내용을 요약하면, 종교는 표현의 자유와 같은 개인적 자유의 영역에 속하며, 같은 이유에서 국교는 절대 허용해서는 안 된다는 것이다. 한마디로, 종교적 관용정신이 넘쳐나는 민주공화국에서는 모든 종교가 평화롭게 공존할 수 있다. 이는 기독교가 사실상의 국교로 천년 이상 인간의 정신과 육체를 지배해온 유럽 문명체계에서 대단히 파격적인 주장이었다. 스피노자의 종교적 평화사상은 우리나라 헌법정신에도 대단히 부합한다. 왜냐하면, 대한민국 헌법 20조는 제1항 모든 국민은 종교의 자유를 가지며, 제2항 국교는 인정되지 아니하며, 종교와 정치는 분리돼야 함을 분명히 하고 있기 때문이다. 인간이라면 누구나 갖고 있음직한 공통의 이성에 호소하는 보편사상은 이처럼 문명과 역사적 차이를 뛰어넘어 인류 전체에 공명할 수 있음을 보여 주는 대표적 사례가 바로 스피노자의 정치사상이다.

# 참고문헌

Spinoza, Benedict de, "Letters 30," *Complete Works*, trans. by Samuel Shirley, Cambridge: Hackett Publishing Company, Inc., 2002.

내들러, 스티븐, 김호경 옮김, 『스피노자와 근대의 탄생』, 글항아리, 2011.

스피노자, 베네딕트 데, 강영계 옮김, 『에티카』, 서광사, 2003.

_____, 강영계 옮김, 『지성개선론』, 서광사, 2015.

_____, 최형익 옮김, 『신학정치론·정치학논고』, 비르투, 2011.

주경철, 『네덜란드: 튤립의 땅, 모든 자유가 당당한 나라』, 산처럼, 2002.

홉스, 토머스, 진석용 옮김, 『리바이어던』, 나남, 2008.